पिछले पृष्ठ से आगे...

[कविता-संग्रह]

पिछले पृष्ठ से आगे...

नारायण कुलकर्णी कवठेकर

अनुवाद

डॉ. गजानन चव्हाण

राधाकृष्ण

महाराष्ट्र राज्य हिंदी साहित्य अकादमी, मुम्बई के सहयोग से प्रकाशित

ISBN : 978-81-8361-784-0

पिछले पृष्ठ से आगे...

पहला संस्करण : 2015

मूल्य : ₹ 400

प्रकाशक

राधाकृष्ण प्रकाशन प्राइवेट लिमिटेड
7/31, अंसारी मार्ग, दरियागंज, नई दिल्ली-110 002

शाखाएँ : अशोक राजपथ, साइंस कॉलेज के सामने, पटना-800 006
पहली मंजिल, दरबारी बिल्डिंग, महात्मा गांधी मार्ग, इलाहाबाद-211 001
36 ए, शेक्सपियर सरणी, कोलकाता-700 017

वेबसाइट : www.radhakrishnaprakashan.com
ई-मेल : info@radhakrishnaprakashan.com

मुद्रक : बी.के. ऑफसेट
नवीन शाहदरा, दिल्ली-110 032

PICHHALE PRISHTH SE AAGE...
Poems by Narayan Kulkarni Kavthekar
Translated by Dr. Gajanan Chauhan

एक समय था, जब लगता था
कि इस तरह जीने से मरना अच्छा है।
उस समय जिसके कारण जीने की उम्मीद पैदा हुई,
उस 'उदया' नामक लड़की को—

रगों में दौड़ने-फिरने के हम नहीं कायल
जब आँख ही से न टपका तो फिर लहू क्या है
—ग़ालिब

दो शब्द

साहित्य, संस्कृति और कला की अभिव्यक्ति और उसके संवर्धन का माध्यम होती है—भाषा। हर भाषा में विचार अंकुरित होते रहते हैं। भाषा विशेष को अपनाने वाले उसे व्यापकता देते हैं, उसका विस्तार करते हैं। वैचारिक ऊहापोह और संवेदनाओं के प्रस्फुटन से साहित्य का जन्म होता है। फिर वह साहित्य उस भाषा का आईना बन जाता है।

दो भाषाओं के बीच अनुवाद एक महत्त्वपूर्ण सेतु के रूप में होता है। उस सेतु से साहित्य और संस्कृति का आवागमन होता है। वैचारिक आदान-प्रदान का माध्यम बन जाता है—अनुवाद। महाराष्ट्र राज्य हिंदी साहित्य अकादमी का यह प्रयास रहा है कि मराठी के चुनिंदा साहित्य का हिंदी अनुवाद कर मराठी संवेदनाओं, समय-सापेक्ष चिंतन-धाराओं और उसके सरोकारों को हिंदी पाठकों तक पहुँचाया जा सके।

मराठी में उपन्यास, कहानी, कविता, जीवनी, ललित-लेखन आदि के रूप में भरपूर साहित्य उपलब्ध होता रहता है। शिल्प और कथ्य की विविधता और व्यापकता इसकी विशेषता रही है। नागरी-जीवन के शिल्प-विन्यासों, ग्रामीण जीवन के प्रतिबिंबों, संवेदनाओं को अभिव्यक्त करती कविताओं और प्रेरक जीवन-संघर्ष तथा प्रकृति के असीम सौंदर्य की शब्द-यात्रा से गुजरते हुए पाठक अनचाहे आनंद का साक्षी बन जाता है।

महाराष्ट्र राज्य हिंदी साहित्य अकादमी ने मराठी की पाँच चर्चित कृतियों का अनुवाद करवाना तय किया। इन पुस्तकों के सार्थक

अनुवाद हुए। इसे कार्य रूप देने में मूल लेखकों और अनुवादकों का सहयोग विशेष सराहनीय रहा है। हम लेखकों और अनुवादकों के आभारी हैं। साथ ही, हम राधाकृष्ण प्रकाशन के भी आभारी हैं, जिनके तत्पर सहयोग से ये पुस्तकें हिंदी पाठकों तक पहुँच रही हैं। हमें विश्वास है कि पाठक हमारे प्रयासों को उपयोगी पाएँगे।

डॉ. दामोदर खड़से
कार्यकारी अध्यक्ष

विश्वनाथ सलवी
सदस्य-सचिव व
संयुक्त निदेशक

अनुराग चतुर्वेदी
संयोजक
पुरस्कार उपसमिति

महाराष्ट्र राज्य हिंदी साहित्य अकादमी, मुंबई

अनुवादक के दो शब्द

मराठी के प्रसिद्ध कवि श्री नारायण कुलकर्णी कवठेकर के काव्य-संग्रह 'मागील पानावरून पुढे सुरू...' का हिंदी अनुवाद 'पिछले पृष्ठ से आगे...' पाठकों को सौंपते हुए मुझे अतीव प्रसन्नता हो रही है। मराठी की एक अतिविशिष्ट काव्य-कृति के हिंदी अनुवाद की प्रक्रिया में से गुजरना मेरे लिए एक असाधारण अनुभव था। संग्रह की कविताएँ देश की समकालीन परिस्थितियों पर नई शैली में प्रकाश डालती हैं। यह नई शैली हिंदी पाठकों को निश्चय ही कवि की भावनाओं की उत्कट प्रतीति कराएगी। यह काव्य-संग्रह मनुष्य को असहाय, विवश एवं संत्रस्त बनाने वाली व्यवस्था के विरुद्ध एक प्रतिभावान कवि का कारगर हस्तक्षेप है। न्यायिक प्रक्रिया का खोखलापन, सरकारी नीतियों की अशाश्वतता, सरकारी योजनाओं का गलत कार्यान्वयन, व्यवस्था द्वारा किए जाने वाले विकास के गलत दावे एवं फतवे, कलाकारों की बाधित स्वतंत्रता, प्रभावहीन नेताओं के नकली चेहरे, प्राकृतिक तत्त्वों की बेशुमार लूट, किसानों एवं आदिवासियों की छिछालेदर, उन पर बरसने वाले आसमानी एवं सुलतानी संकट, महिलाओं पर हो रहे निर्मम अत्याचार आदि कितने ही विषय हैं जिनको जमीनी यथार्थ के अधिकाधिक पहलुओं समेत प्रस्तुत कर कवि ने अपनी असाधारण प्रतिभा का परिचय दिया है। कवि द्वारा समस्या की जड़ तक जाने, उसके अछूते पहलुओं को उभारने तथा उक्ति, सूक्ति, स्वभावोक्ति, वक्रोक्ति, व्यंग्योक्ति आदि अभिव्यक्ति के सभी स्तरों पर नए प्रयोग करने से प्रस्तुत संग्रह की कविताओं में हम असाधारण ताजगी एवं जीवंतता का अनुभव कर सकते हैं। महाराष्ट्र राज्य हिंदी साहित्य अकादमी द्वारा मराठी-हिंदी

साहित्यिक आदान-प्रदान योजना के अंतर्गत हिंदी अनुवाद के लिए इस प्रकार की अनूठी काव्य-कृति का चयन करना निश्चय ही प्रशंसनीय कार्य है। इस प्रशंसनीय कार्य के लिए अकादमी के पदाधिकारी तथा संबंधित समिति के सभी सदस्य बधाई के पात्र हैं।

दैनिक जीवन तथा अगल-बगल की परिस्थितियों से संबंधित होने से मराठी काव्य-कृति 'मागील पानावरून पुढे सुरू...' की हिंदी के संदर्भ में अनुवादानुकूलता (Translatability) की मात्रा निश्चय ही अधिक है। फिर भी आँचलिक शब्दों एवं स्थानीय मुहावरों के प्रयोग से युक्त कविताओं का अनुवाद मेरे लिए चुनौतीपूर्ण था। ऐसे प्रसंगों के आकलन के लिए मैंने सीधे कवि से संपर्क किया। उन्होंने बड़ी उदारता से मेरी सहायता की। इस प्रकार की अभिव्यक्तियों के लिए सटीक हिंदी पर्यायों के संदर्भ में मैंने मित्रवर प्रो. केशव प्रथमवीर तथा डॉ. दामोदर खड़से जी से परामर्श किया। भाषा के प्रवाह एवं पठनीयता के संदर्भ में मैंने मित्रवर श्री रामहित यादव, श्री नारायण कुलकर्णी, गरवारे महाविद्यालय के हिंदी विभाग के प्राध्यापकों की प्रतिक्रियाएँ जान लीं। जरूरी संशोधन किए। मैं इन सबके प्रति हार्दिक कृतज्ञता प्रकट करता हूँ।

मुझे पूरा विश्वास है कि 'पिछले पृष्ठ से आगे...' का हिंदी जगत में अच्छा स्वागत होगा।

पुणे, दि. 15 अगस्त, 2014

—गजानन चव्हाण

अनुक्रम

नींव

नींव
दीवारें धँस गईं,
लेकिन
नींव पक्की है
—सब कुछ है।

[कवठा, 1/6/1980]

अवयव

रात-दिन। प्रति पल।
सतत। कायम।
जलन ही जलन।
तल्खी ही तल्खी।
और छटपटाहट।

नाक—घिसने के लिए।
माथा—रगड़ने के लिए।
घुटने—टेकने के लिए।
हाथ—पसारने के लिए।
जीभ—चाटने के लिए।
दाँत—चबाने के लिए।
होंठ—भुनभुनाने के लिए।

—ऐसे ये अवयव!
उनके ऐसे कार्य
मुकर्रर कर दिये गए हों मानो!
एक अवयव है
जो जगता है
समय-कुसमय पर
और घायल साँप-सा तनकर
फुँफकारता है।
पर उसके लिए भी बंधन हैं

चार दीवारों के।
बंद दरवाजों के।
ढँकी खिड़कियों के।
रात-दिन। प्रति पल।
सतत। कायम।
जलन ही जलन।
तल्खी ही तल्खी।
और छटपटाहट।

इसलिए—
मैंने तय किया था
एक नकली अवयव ही
फिट कर दूँ शरीर में,
जो न कभी खिलेगा
न कभी मुरझाएगा।
न ही जिसे कभी
होगी इच्छा
मुँहजोर दीवारों पर प्रहार के लिए
कठोर मूठ बनने की।
पाशवी अत्याचार के विरुद्ध
हुंकार भरने की।

लेकिन ओफ्!
वह शल्यक्रिया असफल हुई!
असफल हुई वह शल्यक्रिया!!
यों हमेशा
गर्दन लटकाकर रहने वाले अवयवों ने
अद्‌भुत आवेश में आकर
असहयोग किया घोषित
हो नहीं पाया

मेरे शरीर पर
नकली अवयव का
सफल रोपण।

इसलिए फिर
रात–दिन। प्रति पल।
सतत। कायम।
जलन ही जलन।
तल्खी ही तल्खी।
और छटपटाहट।

[कवठा, 23/6/1980]

खेल

बापू,
मुझे खेलने दीजिए।
हस्तक्षेप नहीं कीजिए।

इस बार मेरा बादशाह
पिछली बार की अपेक्षा
नहीं आ रहा पकड़ में जल्दी।
अगली बार
और भी समय लगेगा।
दाँव के हालात ही
बदल जाएँगे शायद।

बापू,
प्रतिस्पर्धी का परिचय
आप नहीं कराइए;
हालाँकि आप निष्णात हैं
उड़ती चिड़िया के पर गिनने में।
मेरी नजर को भी
आदत पड़ने दीजिए;
दिमाग की चरबी को
जरा गलने दीजिए;
बेकार की सौ कथाओं से

एक अनुभव
बेहतर होता है, बापू।

ना, ना
मेरे घुटनों को इतना
नाजुक न रखिए कि
आगे पलंग के व्यायाम से भी
वे छिलने लग जाएँ।

ऊँट तिरछा चलता है—
आप यह मुझे
कितनी बार समझाएँगे, बापू!
जरा रुकिए, अब मुझे
हाथी को ही आगे बढ़ाने दीजिए।

इस चाल के खतरे से
आप अवगत न कराइए मुझे।
जरा सोचिए।
इतनी सावधानी मुझे
इस उम्र में रखनी ही चाहिए?
बापू,
आखिर यह खेल है
दुश्मनी तो नहीं।

रुकिए, बापू।
हस्तक्षेप नहीं कीजिए।
कृपा कर मुझे
प्यादा न बनाइए।

[कवठा, 4/7/1980]

मुकदमा

आधी रात को
मुझे गिरफ्तार किया गया।
समझ नहीं पाया,
कसकर मुश्कें मेरी
मुझे कहाँ ले जाया गया।
काली-कलूटी गाड़ी की जाली से
बस, इतना जान पाया कि
जंगल पीछे छूट रहे हैं।

पीले पड़े किसी पुराने कागज पर
उन्होंने मेरे अँगूठे का निशान लिया।
मैं शिक्षित हूँ,
हस्ताक्षर कर सकता हूँ—
कहा चिल्लाकर मैंने।
पूछा—मेरा अपराध क्या है?
मेरे प्रत्युत्तर में
उन्होंने बँधे पैरों वाली
टोकरी-भर जिंदा चिड़ियों को
दनादन रौंद डाला जूतों के नीचे...
मेरी तो घिग्घी ही बँध गई देखकर
अंत तक नहीं खुली वह!

मुझे बंद किया गया था कमरे में।
निकट वाले कमरे से
हिंसक, करुण, गिड़गिड़ाती,
पशु की-सी आवाजें
कानों पर पड़ती रहीं—
अनवरत रात-भर
और मैं हो गया बिलकुल बहरा।
सुबह होने को थी शायद
एक तंग कमरे में मुझे
खड़ा किया गया कठघरे में
वही उनका न्यायालय!
मैंने आँखें फाड़कर देखा—
मोमबत्ती के उजियाले में
हलचल करने वाली
छाया जैसी मानव आकृतियाँ
पूरा मुकदमा, उसकी सुनवाई
मेरे कानों से दूर ही चलती रही।
मेरे होंठ मानो निष्प्राण...

सबको लौटने की थी जल्दी।
मैंने इतना ही देखा—
फैसले के कागज पर
तोड़कर लेखनी की नोक
कुर्सी से उठ रहे हैं
न्यायाधीश महाशय।

[कवठा, 6/8/1980]

शेर

कुछ साल पहले मैं सचमुच शेर था।
इतना असली कि जंगल में ही नहीं
मनुष्य के गाँव में भी चलाया करता था
जंगल के कानून।
हँसा करता था आदमियों की नकली सभ्यता पर
उठाकर पंजे।
सबूत के लिए देख सकते हैं—
कुछ साल पहले
अखबारों में निकले समाचार।

पर शुरू हुई कटाई जंगल की
हर घड़ी पड़ने लगा मनुष्य से पाला।
साथ ही सरकार ने लगाई पाबंदी—
मेरा शिकार करने की।
तब से होने लगा यकीन,
मुझे सरकार की विश्वसनीयता पर,
इतना पक्का कि
मैं स्वयं संधि-प्रस्ताव लेकर
पहुँच गया सरकार की टेबल पर।

मैं हो गया पूरा सुरक्षित!
सरकार ने वनाधिकारियों को
मेरी सेवा करने के लिए दिया आदेश।

रखा जाने लगा मेरे लिए नरम मांस
बँगलों को लजाने वाली—
बन गईं जालीदार गुफाएँ मेरे लिए।
लगती थीं प्राकृतिक, कृत्रिम होकर भी।

आखिर मैंने सोचा कि जंगल-अरण्य
और दिल्ली-मुंबई जैसे शहरों में
तत्त्वत: नहीं है कुछ अंतर।
मैं प्रतिष्ठा के झूठे खयालों में बिना फँसे
सीधे कुर्सी पर जा बैठा।
(मुझसे पहले पालतू बनाए गए धूर्त सियार
मेरे पीछे आपस में करते हैं, आँखों के इशारे,
पर मैं उधर कतई ध्यान नहीं देता हूँ।)
अब तो पूरा परिवार हमारा
सुखी है, संतुष्ट है—
सुरक्षित होने के खयाल से।

भाग्य से मुझे घरवाली भी अच्छी मिली है।
वह कहती है : तुम्हें नरम-गरम कीमा मिलता है—
बिना माँगे
फिर खाने के दाँत तुम्हें चाहिए किसलिए?
इसलिए मूल दाँतों को निकलवाकर मैंने
बनवा लिए हैं नए।
अब मैं दिखाए जाने वाले दाँतों से ही खाता हूँ।
वह कहती है : तुम्हें कब उठाने हैं—
शिकार के लिए कष्ट?
क्या तुम नहीं जानते
महान तत्त्व इस देश का
कि न दूसरे हमारा शिकार करें
न हम दूसरों का?

तुम अपने उन नुकीले हिंस्र।
नाखूनों को निकाल दो पहले
जंगलीपन के लक्षण होते हैं—
बढ़े हुए नाखून।

मैं मानता चला गया
घरवाली की बातें सारी।
सिर्फ एक बार मैंने
एक छोटी-सी शिकायत की;
पर उसने बड़ी दृढ़ता के साथ
निराकरण किया उसका।
मैंने कहा : मुझे कभी-कभी
इच्छा होती है दहाड़ने की,
इतने स्वधर्म का पालन करने दो मुझे।
तब उसने कहा : पागल हो निरे
इन मूर्ख आनुवंशिक खोखले खयालों को
छोड़ देना होगा इस विकसित
बीसवीं सदी में।
बावजूद इसके बड़े उदार हृदय से
उसने जताई सहमति।
तब हर्षित हो मैं
जोर से दहाड़ उठा;
पर
कुछ भी नहीं हआ—
पत्ता तक नहीं थरथराया;
कायर हिरनियाँ भी काँपीं नहीं जरा-सी।
बड़े आराम से स्वस्थचित्त हो चलते रहे
सड़क पर पादचारी,
—और पहली बार आई मेरे ध्यान में
एहसास नहीं हुआ था अब तक जिसका

मेरे चारों ओर की, काँच वाली,
स्वच्छ, पारदर्शी चहारदीवारी।

और—
मैं एहसास करता रहा बीच-बीच में
कि मैं किया गया हूँ नजरबंद।
फिर भी
जब लोग देखते हैं मुझे
विषन्नता से ही सही, मैं हँस देता हूँ।
हाँ, एकांत में उदास बैठता हूँ।
असह्य होने पर तल्खी
अपनी ही अयाल का
एक-एक बाल उखाड़ता हूँ।

[कवठा, 1980]

पुलिस द्वारा भाऊ समर्थ की बेइज्जती

[दैनिक तरुण भारत, नागपुर, दि. 17/1/1981]

यह भी क्या समाचार है?
बेइज्जती होती भी तो पांचाली की होती
या सीधे
बिहार में किसी हरिजन की घरवाली की।
पर किसी नाटक में नारी जाति की न हो बेइज्जती,
इसलिए चित्रकार भाऊ समर्थ
शोर मचाता रहा,
पुलिस की मार खाता रहा
सामान्य इंस्पेक्टर भी इसे पहचानता नहीं!
आया है बड़ा चित्रकार!
और वह भी जगद्‌विख्यात।

अरेरे!
बेचारा भाऊ!!
लोग कहते हैं :
भाऊ रंगों से खेलता है।
(वाह, वाह! कमाल की सहजता!!)
क्या बात है!
पर इन रंगों ने भाऊ को घोला ही नहीं, पूरा रगड़ दिया!
जीवन का रंग बेरंग होने तक रगड़ दिया!
भाऊ बेबस-सा नाचता रहा—
कपड़े उतारकर निस्संग।

खेल-खेल में ही हो गया, खिलवाड़,
उस पर यह मुँहजोरी
तौबा, तौबा!!

भाऊ,
तुम किस बात के हो चित्रकार?
हिम्मत हो तो करो मेरे कहने के अनुसार।
खींचो चित्र मेरे कहने के अनुसार—
संसद के सेंट्रल हॉल में लगाने योग्य
चित्र बनाओ हमारे प्रधान मंत्री का।
यों ही आड़े-तिरछे
फर्राटे मारने से
बेहतर होगा वह।
हमारे जैसे निकम्मों की—
दीवारों पर पड़ा हुआ तुम्हारा रंग
क्या पाएगा भला?

भाऊ,
तुम इस संस्कृति में लगे हुए घुन हो
कहाँ है इंस्पेक्टर और पुलिस?
उनको दस-दस कोड़ों की सजा दो।
घुन को जड़ से नष्ट करने की अपेक्षा
फैलाने ही दिया है उन्होंने उसे।
भाऊ निषेध करता है,
भाऊ उँगली उठाता है,
भाऊ अपने चश्मों की परवाह नहीं करता,
भाऊ बंधन नहीं मानता,
भाऊ मान्यवरों से अलग होता है,
भाऊ क्या समझता है अपने को?

कहते हैं—
भाऊ का एक ही रंग कई-कई दिनों तक चलता है।
वह एक ही रंग चलाता है, वर्ष दो वर्ष तक।
वह लगे रहता है;
उसके पीछे पागल होता है।
हरा तो हरा ही, नीला तो नीला ही,
लाल चलाया तो लाल ही।
फिलहाल कौन-सा
रंग चला रहे हो भाऊ?
या
रंग ही तुम्हें लग गए हैं खाने?
अब का रंग कितने दिन चलेगा?
आज सिर्फ तुम्हारे चूतड़ पर ही पड़ी हैं लातें
और मुँह पर पड़ा है थप्पड़।
कलाकार के वे हवा में लहराते
मुलायम घुँघराले बाल
खींच दिये गए हैं।
जरा सोचो—
यही रंग अधिक गहरा,
तीव्र होता गया तो?
क्या तुम जानते हो?
उधर के देशों में, कहते हैं—
कलाकार की आँखें निकाल दी जाती हैं,
उसकी थाली में जहर परोसा जाता है,
अगर उगलता नहीं वह रटी-रटाई बातें।
मुँह पर उसके किए जाते हैं जूतों के प्रहार।
—तुम अपने समाज में यह विदेशी विष आने न दो।
कितने शांत, गहरे रसायन हैं हम!
यों ही हिलाओ मत उसे,
ठीक है...

नारी भोग की वस्तु नहीं...
अन्याय...अत्याचार...निष्ठुर समाज...
...बस, बस, अब अधिक बातें मत करो,
हमारे कपड़ों को
यों
बीच रास्ते में मत उतारो।

अब सुनो, मैं बताता हूँ तुम्हें
कैसे किया जाता है निषेध,
कैसे की जाती है संघर्षभरी शिकायत।
चलो, ब्रश उठाओ
शाबास!
ले लो गुलाबी रंग
और शुरू करो ब्रश के सड़ाके मारना।
याद करो—
कहीं पर, किसी नदी में नहाती हुई
धन्नो या कोई पारो।
चेहरा जाने दो उसका खड्डे में!
उरोज आँक दो उत्तान,
जाँघें भी अंकित करो काँसे की
या कदली खंभ वितान।
पर, एक बात ध्यान में रखना
चित्र निषेध का है।
स्तनों पर दो लाल भभूकी खरोंचें
और
जाँघ पर सौंदर्य को बिना धक्का लगाए
बहाव मोटा-धोटा।

ऐसा ही चित्र बनाओ प्रतीकात्मक
यही होगा इस मरीज का—

सर्वमान्य सांस्कृतिक उपचार
चाहे तो चित्र को शीर्षक दो—
'अरेरे!' या 'हाय, हाय!'
अथवा
ऐसा क्यों नहीं करते—
कविता ही क्यों नहीं लिखते मेरी जैसी—
सीमित आक्रोश वाली?
जरूर पाओगे वाहवाही—
कहीं पर भी, रास्ते में मिलने वाले
मुतबन्नै बाप की।
भाऊ रे, तुम चित्रकार हो
ऐसी कृति तुम करो नहीं कभी
पारंपरिक रंगों पर कोलतार उड़ेलने की
और (शिव! शिव!!) बात मत करो
संस्कृति पर पेशाब करने की

भाऊ,
मैं नहीं था रे वहाँ, उस समय।
होकर यार
मैंने क्या किया होता?
बन गया होता तुम्हारी बेइज्जती का
तटस्थ साक्षीदार
या बचाने के लिए तुम्हें
कर दी होती
सीने की ढाल
पकड़ी होती सरकार के
मगरूर प्रतिनिधि की गर्दन
या
तुम्हारे रंग में
अपनी कविता को मिलाकर

मैंने भी उठा दी होती उँगली।
या...या
गाँडू की तरह
कुर्सियों की कतारों में गर्दन छिपाकर
बचाया होता अपना पिछवाड़ा और पेट?
पर
मैं क्या करूँ?
मैं था ही नहीं वहाँ पर,
इसलिए शुरू है यह बक-बक
मैंने ऐसा किया होता,
मैंने वैसा किया होता
जो तुम कर बैठे हो अभी।

[जलगाँव (जामोद), 17/1/1981]

कुत्ता और बिल्ली

आप मेरे मालिक
मैं आपका कुत्ता
अथवा मैं आपकी बिल्ली।

आप दूध पिलाते हैं जब
कुत्ता कृतकृत्य-सा तब
लोटता रहता है उलटा-पुलटा।
आप खिलाइए गोले मक्खन के
बिल्ली तब होकर गद्गद
मूँद लेती है आँखें।

आप हैं माई-बाप सुखकर्ता दुखहर्ता
तारणहार पालनकर्ता।
—स्मरण कर इसे मोती कुत्ता
बैठता है दुम दबाकर,
और बिल्ली निपोरती रहती है खींसें।

पर मालिक,
आप कभी-कभी इतने
बिगड़ क्यों जाते हैं?
शराब पीते हैं खूब और
जो भी आए हाथ में
उससे, जो भी आए सामने

बंद कर कमरे में उसे पीटते रहते हैं बराबर?
मोती कुत्ता मार खाकर
तिलमिलाता है, कराहता है
यद्यपि लगता है उसे
कि यह सब ठीक नहीं।
पर मालिक, कृपा कर यह प्रयोग आप
बिल्ली पर न कीजिए
वरना उसका कुछ ठीक नहीं...

[जलगाँव (जामोद), 9/3/1981]

वर्तुल

मैं एक आकृति बनाता हूँ।
वह मेरे मन की,
दुखती हुई बातों की
प्रतीक होती है।
बहुत सोचने के बाद
मैं आकृति को
शीर्षक देता हूँ—'वर्तुल'।
वर्तुल के भीतर
कई आकार
दिखाई देते हैं मुझे
तड़पते हुए।
वर्तुल के व्यास को छूते ही
हाथ पीछे हटा लेते हैं आकार
मानो जल गए हों।
उनका तड़पना
मेरे लिए असह्य
देखी नहीं जाती उनकी
छटपटाहट।
मैं बेचैन होता हूँ।
बाहर निकलने के लिए
वर्तुल में न दरार है
न छेद
—मैं यह जानता हूँ

पिछले पृष्ठ से आगे...

तरस खाता हूँ मैं।
इसके बावजूद
मेरी भाव-विवशता मात्र के लिए
आकृति का शीर्षक बदलना
मुझे मुनासिब नहीं लगता।

[अकोला, 22/4/1981]

तरस

देखिए, मुझ पर भरोसा कीजिए
मैं खेत को खेत कहता हूँ
और बाड़ को बाड़।
कभी-कभी मैं उँगली उठाता हूँ
अपनी ओर भी।
इससे आपकी समझ में
आनी चाहिए थी
मेरी सत्यवादिता।

मानता हूँ—
आपको आदत पड़ी है
मरीचिका को ही जीवन समझ लेने की।
आपके निर्देशक अलग थे
पूर्वपीठिका थी निराली।

पर अब मुझे
दूर नहीं कीजिए।
यह भुलावा आपमें और मुझमें
दूरी पैदा कर रहा है।
मैं आपको सच्चाई बताता हूँ—
इसकी भनक लग गई है उनको।

जब वे मेरी आवाज बंद करेंगे
पैदा होगी तब जो शांति

आप उसे 'आँधी से पहले की'
—अर्थ प्रदान कीजिए।
वे इस शांति का संबंध
जोड़ देंगे कानून और व्यवस्था से
इसलिए कृपा कर
भुलावे का शिकार न बनिए।
मुझ पर भरोसा कीजिए।
मैं खेत को खेत कहता हूँ
और बाड़ को बाड़।

[अकोला, 22/4/1981]

कम से कम

गधों की भीड़ में
घोड़ा क्या करे?
वह खुद भी लात मारे
या लातें खा-खाकर मर जाए?

शांति के समय की,
सभ्यता वाली,
संस्कृति की पौराणिक बातें
घोड़े को अब भूलनी चाहिए।
नियम के अपवाद के लिए ही सही,
गधों पर जोर से
दो लातें जमानी चाहिए।

अब,
ऐसा सोचना जरा बचकाना,
जरा पागलपन-सा
लग सकता है
किसी को।
इस पर जितना सोचेंगे उतना
कम ही होगा शायद।
आखिर—
गधों की समझ में

कम से कम इतना तो आए
कि
यह गधा नहीं
घोड़ा है।

[अकोला, 22/4/1981]

पारस

मैं अपनी जिंदगी का लोहा
साथ में लेकर
कितना घूमता रहा!
धीरे-धीरे
छीजता जा रहा हूँ
खुद को घिसते-घिसते
कई वस्तुओं पर।
वह हर वस्तु
लोहा ही निकली—
काली-कलूटी
जिस पर घिसा मैं
पारस मानकर।

एक दिन तो मैं
हक्का-बक्का रह गया—
मेरे बदन से
बदन घिसने वाली
एक जिंदगी को देखकर;
लेकिन फिर
अकेले ही,
खुलकर हँस दिया
विनोद और दया
दोनों को मिलाकर।

[कवठा, 5/5/1981]

वृक्षारोपण

वृक्ष कुबबूल का हो,
या सुबबूल का,
जम नहीं पाएगा
बढ़ नहीं पाएगा जमीन में,
अगर नमी न होगी गहरे तक।

महाशय,
पौधों की बाड़ कोई भी बनाएगा
(खेत को चट करने का उसका स्वभाव देख)
पर पानी नहीं देगा उसमें
पगारदार नौकर,
टूटी बाल्टी का बहाना बताकर।

इतना ख्याल रखिए मंत्री महोदय,
पेड़ और बच्चे एक-जैसे होते हैं।
मात्र जन्म देकर उनको
पूरी नहीं होती जिम्मेदारी।

पेड़ों का बचाव बकरियों से ही
करना नहीं होता।
न ही केवल मवेशियों से
या कि बड़े होने पर उनके
सोने की कुल्हाड़ियाँ लेकर हाथ में

अनिर्बंध चलाने वाले
जंगल - ठेकेदारों से...।

बचाव जरूरी है आपकी लापरवाही से।
समय चुकते ही
खेल समाप्त करने वाली
आपकी आदत से।
आपके मातहत वाले व्यसनासक्त
प्रकृति के दुश्मनों से।

ध्यान में रखिए महाशय,
पेड़ दुआ होते हैं,
आसमान और जमीन के बीच के
वह आपके साथ ही बढ़ेगा या
ठूँठ बनेगा आपके ही साथ।
और यह भी कि
किसी भी पुलिस के लिए
किसी भी प्रकार का सबूत
पीछे न छोड़ने वाली
आपकी निजी आत्महत्या
पेड़ों की सामूहिक हत्या के लिए
जिम्मेदार होती है।

[जलगाँव (जामोद), 13/7/1981]

शंका

शंका उपस्थित करो लगातार।
डरते हुए नहीं,
जरा तनकर ही सही,
शंका उपस्थित करो लगातार।

उपस्थित करो शंका।
परवाह न करो
कि जलेगी लंका।
(भले ही सोने की हो।)

पूछो प्रश्न।
करो शंका।
ऐसी और वैसी,
ऊपर-ऊपर से लगे जो
बचकानी-सी।
नदी पुल के नीचे ही क्यों?
पुल नदी के ऊपर ही क्यों?

तुम बैल नहीं हो
कोल्हू में जुते हुए।
घर के भीतर ही भीतर,
चक्कर पर चक्कर में,
क्यों निकल जाएँ तुम्हारे
कई मील इसी में?

निडर बनकर
प्रश्न पूछो खुद से भी
—यह बुढ़ापा असमय में
क्यों आया तुम पर?
क्यों आ रहे हैं
हर दिन नए पत्ते
काठ बने पेड़ पर?

शंका। आरोप।
प्रश्न। प्रतिवाद।
—सबको होने दो अंग
तुम्हारे स्वभाव का।
त्यागकर मौन
लगातार की पीढ़ियों का।

शंकालु बनो
कि कहाँ, कब, कैसा होगा
तुम्हारा 'कल'?
या बिना बहे ही
सूख जाएँगी नदियाँ?

तुम
पक्के शंकालु बनो।
बिना उसके
आएँगे नहीं
उजियाले में
उत्तरों के चोर।

[जलगाँव (जामोद), 28/9/1981]

कवच

मैं खिड़की से बाहर देखता हूँ।
बाहर की तरफ खुलने वाली यह खिड़की,
मजबूत छड़ों वाली,
खिड़की के भीतर मैं इस पार।
अपार संसार उस पार।

कीटनाशक दवा के कारण,
कीड़ों के साथ-साथ,
तितलियाँ भी मुझे
मरती हुई दिखाई देती हैं।
मैं आवेग में दाँत गड़ाता हूँ
अपने ही होंठों में।

एक
सौ नंबरी हल का फार
खोदता है
बाड़ की निरपराध बाँबी को।
मैं क्रोध से मुक्का मारता हूँ,
पर अपने ही घुटने पर।

किसी विकृत दिमाग की शांति के लिए,
खड़ी फसल जलती हुई दिखाई देती है मुझे
क्षितिज तक...।

मेरे दिमाग के
टुकड़े-टुकड़े हो जाते हैं
पर
खोपड़ी के भीतर।
इसके अतिरिक्त
मैं स्वयं बाहर नहीं,
खिड़की के भीतर ही हूँ।

[जलगाँव (जामोद), 21/12/1981]

नंगे दुख

नंगे होते हैं दुख
जो आते हैं, नंगों की झोंपड़ियों से—
लिपटती हैं जो किसी पुतले के पैर से।
तब जीवित मनुष्य होते हैं मूक ही मूक,
मानो मरणाशौच लगा हो;
खिले-फूले पेड़ों के नीचे पसारते पाँव
मानो उदास हुए हों।

टूटी खाट पर रखी होती है राशि—
एक पर एक रखे बड़े-बड़े सपनों की।
मोर-पंखों को चिपकाने के लिए दीवार पर,
घूमते हैं दो-चार बच्चे,
पूरे पठार-सीवान में,
खोज में गोंद की।
ऐसे समय जरूरी नहीं होता कि आप आएँ,
पर आप आते हैं।
कराहने जैसे रोते हैं।
कूंथने जैसे गाते हैं।
पर इससे कुछ भी फर्क नहीं पड़ता।
उनके टूटे-बिखरे जीवन में,
जस्ते की थालियाँ
खाली ही रहती हैं, जैसे पेट।

तब आपके हाथों में ज्यादा ही
दब जाते हैं बोगस राशन कार्ड।

भिलाई और भाखड़ा नांगल
भास्कर और गावस्कर,
ताजमहल और गौरीशंकर...
आप बोलते रहते हैं उनके सामने
ऐसा ही कुछ-कुछ,
पर ध्यान में आता है उनके इतना ही कि
न कुछ लेना है न कुछ देना है
सूखी जमीन-से सिकुड़े-सहमे
चेहरे लिये वे बैठे रहते हैं
चौपाल पर दिन-भर।
उनके पेट के बड़े शून्य को छोड़ दें,
तो सब तरफ शुरू रहते हैं
पुराने ही अनोखे उत्सव।
दौड़ते रहते हैं कागजी घोड़े
हिनहिनाते हुए यहाँ से वहाँ तक।
फुलाए हुए शब्दों को—
उड़ेलते रहते हैं भोंपू और रेडियो।
चंद्रभागा नदी की बालू में
बडवे[1] नचाते रहते हैं
भगवान नाम के भालू को।
अंत में चार बच्चे उठते हैं,
सपनों को कंधा दिये;
रास्ते पर उनके पीछे
दिखाई देते हैं ढेर सारे
पंख बिखरे हुए;
ऐसे समय जरूरी नहीं होता

1. विट्ठल के पुजारी।

कि आप आएँ;
पर आप आते हैं—
ठीक सामने गली के छोर पर
हाथ में मटकी[1] लेकर तत्पर।

[कवठा, 1982]

1. दाह संस्कार के लिए आग रखी मटकी को हाथ में लेकर कोई निकटस्थ व्यक्ति शवयात्रा में सबसे आगे चलता है।

शवयात्रा

हम रहते हैं
जमीन की दरारों में,
किराये के मकानों में।
छत से भूसा,
दीवार से मिट्टी,
हमारा जीवन
विचित्र मिश्रण—
धूल, कोहरा, चाँदनी का।
हमारा उज्ज्वल इतिहास—
कवच हमारे वर्तमान का।
हम छील-छीलकर,
निकालते हैं—
शब्दों के छिलके और
बिताते हैं समय पूरे जीवन का,
मग्नावस्था में बेकार की बहस करते हुए।
हमारे हाथ बँधे हुए,
आँखें सीमित,
दिमाग परिमित
जीभ केवल अपरंपार।
हम शब्द निगलते हैं।
शब्द थूकते हैं।
शब्द चाटते हैं।
हम मर भी जाएँगे एक दिन सानंद।

पिछले पृष्ठ से आगे...

जलेंगे शब्दों के प्रेत समेत सामूहिक।
शब्दों की शवयात्रा में गर्दन झुकाए,
हाथ पीछे किए, हम चलेंगे शरीफ-से।
और श्मशान में शब्दों के प्रेत को
बनाकर सबूत, जो आधे घंटे तक बहाएँगे
शब्दों के आँसू,
वे हम ही होंगे।

[जलगाँव (जामोद), 7/2/1982]

तब भी

मेघना, मेरी लाड़ली
बड़ी होगी,
बहुत तरक्की करेगी।
शायद वह विकसित भारत की
पहली महिला अंतरिक्ष यात्री होगी
और
अधिक ऊपर जाने के प्रयास में शायद
चुक जाएँगे उसके दिन, चुक जाएँगी उसकी रातें।

शायद वह जान लेगी
इस धरती के सारे रहस्य
लिखित-अलिखित।
शायद उन दिनों के स्तंभों पर
ससम्मान अंकित की जाएँगी
उसकी स्वरचित पंक्तियाँ...

उसका युग—
सचमुच ही नवयुग होगा।
बारहों मास रहेगा तब
कटनी का मौसम।
और मोतियों में परिवर्तित होगा
हरेक के माथे का पसीना...

श्रम, बुद्धि, प्रतिभा—
तीनों पर मेघना जताएगी
अपना समान अधिकार।
उसकी आँखों में सहज देखा जा सकेगा
अधिक उज्ज्वल भविष्य का
नीला सपना आर-पार...
लेकिन...

ऐसा तो नहीं होगा
तब भी?
वह बार-बार
मायके तो नहीं आएगी?
ब्लाउज के भीतर
हरी, नीली, दुखती सूजन लेकर?
विवश-सी लौट जाएगी पुनः गाय की तरह?
और किसी रात में
आ जाएगा समाचार
उसके जल जाने का?
और
मेरे पहुँचने से पहले ही
किया गया होगा लाश का बंदोबस्त?
तब भी... ?
तब भी... ?

[कवठा, 3/5/1982]

निबाह

किसी नाम का
किसी गाँव का
एक तरुण :
बोझिल ऋण से,
झुके हुए कंधे,
चेहरा करुण।
कोलतार के रास्ते पर
रोलर के नीचे दबकर
समाप्त हुआ है उसका हरा संसार।
साहब के कहने पर,
मस्टर में झूठे नाम लिखते-लिखते
थक गई हैं उसकी विवश उँगलियाँ।
पैंट की सुविधा न देखते हुए
झट् से उठने-बैठने के चक्कर में,
कहीं पर भी रखकर,
सख्त बना है उसका पिछल्ला।
चेहरा देखिए उसका :
कुरकुरी सेंकी गई रोटी-सा
कत्थई।
पैर देखिए उसके :
टखनों के हुए हैं छिलके।

उसकी समझ में कुछ नहीं आता;
उदाहरणार्थ :
कोई किसलिए जीता है?

किसलिए है यह संसार?
कौन किस चीज के पीछे पड़ा है?
कौन किसके आगे बढ़ा है?
—आदि प्रश्न
उसके दिमाग में घुसने से पहले ही
रात उस पर हो जाती है काबिज।
बड़ी भोर में ही जगता है वह।
ठंडी हवा,
मुर्गों की बाँग,
बैलों की घंटियों की आवाज,
पंछियों का कलरव,
कुएँ पर घड़ों की टन्-टन्
—यही उसके लिए
क्षण-भर का मनबहलाव।

सूरज उगने के पहले से ही
वह देखता है पूर्व में :
काले-काले बादलों के—
टुकड़ों के कंगूरे,
किरणों की वजह से
तप्त लोहे सरीखे
लाल भभूके बने हुए।
कंगूरे, झुकते हैं;
आकार बदलते हैं;
लकदक होते हैं।
इतना ही आता है
उसकी समझ में
कि यह सुबह की ताजगी
फेफड़ों में भरे बिना
दोपहर की धूप के सामने टिकना और
शाम तक का निबाह मुश्किल है।
[कवठा, 27/5/1982]

अशाश्वत

जरा कहीं आगे बढ़ता हूँ
तो 'रास्ता बंद' का बोर्ड दीखता है।
नियमानुसार आचरण करने का
संकल्प करता हूँ,
तो तुरंत, नियम में परिवर्तन की,
अथवा सुधार की,
बात आती है ध्यान में।
इसे छोड़िए,
कल वाहनों और मनुष्यों की
आवाजाही को देखते हुए,
बाईं ओर से चलना
नियम के मुताबिक है या नहीं—
इसका भी आजकल मुझे
होने लगता है संदेह।
मेरी नदी के ऊपर बनने वाले बाँध का
बदल दिया जाता है स्थान!
मेरे गाँव के नजदीक का,
छोटा कारखाना
कर दिया जाता है स्थलांतरित
किसी दूसरी जगह पर।
'कर्ज तुरंत जमा कीजिए,
वरना नीलामी होगी'
—नोटिस आने पर ऐसा

मैं कचहरी में जाता हूँ
तो सूचना मिलती है मुझे
कि नोटिस गलती से
भेजा गया है मेरे नाम।
मुझे मकान बनाने के लिए दी गई
मौखिक अनुमति उनकी,
मकान बनाने की शुरुआत करते ही
लिखित आदेश में उन्हीं के
नकार दी जाती है!
हाथ में चिट्ठी लिये मैं
ढूँढ़ने का प्रयास करता हूँ उनको,
तो लोग मुझ पर ही हँसते हैं
इसलिए कि
उनका स्थलांतरित हो जाना
मुझे मालूम नहीं!

सब कुछ गतिशील होने,
सब कुछ अशाश्वत होने का
कितना विचित्र अनुभव देते हैं वे!
यही देखिए न :
कल ही मैंने अपने नाम की,
पूरे पते वाली,
रबड़ की मुहर बनवाई
और आज मुझे,
अपने गाँव को
नई तहसील में
समाविष्ट कर दिये जाने की
खबर
उनके जाहिरनामे में
पढ़नी पड़ी!

[कवठा, 4/6/1982]

बिजली और पानी

बिजली गिरकर खेत में गड्ढा बनेगा जहाँ
कुआँ खोदिए वहाँ : पानी आएगा माकूल—
इतना कि चाहे जितने सींचिए खेत।
अपने ही नहीं, पड़ोस वालों के भी।
—बेचारे लोग! एक श्वेत भ्रम पालते हैं जीवन-भर
और बाट जोहते रहते हैं गहरे-नीले
पानी की राह दिखाने वाली,
लकदक, सफेद बिजली की।

उनकी नीम आस्मिन कमीज की—
जेब फटी हुई।
रंगीन धागे से सिली हुई।
उनके साफे की चिंदियाँ
हवा को मुँह चिढ़ाती हुईं।
उनके जूतों की कीलें
पैरों के तलुवों से
हेल-मेल करती हुईं।
बावजूद इसके
बेचारे चलते रहते हैं बाट।
बाट कितनी भी दूर की हो,
कैसी भी हो।
बाट के हर काँटे को
तिनका मानकर बेचारे

चलते रहते हैं बाट।
...काली माटी, काला पानी,
काला आसमान, काली मणि,
हरी घास, हरे कंगन,
हरा तोरण, हरी लक्ष्मी,
पीला साफा, पीली बाली,
पीली रस्सी, पीला गहना
—उसका मन अक्षरशः रंग-बिरंगे
ऊँचे सपनों से झिलमिलाता है।

पर—
बिजली जमीन पर गिरती नहीं,
वह गिरती है सीधे आदमियों पर।
आदमी, जो खड़े थे, हो जाते हैं आड़े।
इतने पर भी
जमीन से लगे उनके कान हो जाते हैं खड़े
सुनाई पड़ती है उनको—
भूगर्भ में बहने वाले पानी की
साफ कलकल ध्वनि।
चौंधियाकर अंधी बनी उनकी आँखों में
एक बारगी खुल जाता है भ्रम—
सत्य के आविर्भाव में
वे कसकर मुट्‌ठी बाँधते हैं
और जब वह अलग होती है मुट्‌ठी,
काली मिट्‌टी जमीन पर—
धीरे-धीरे गिरती रहती है,
उनके आज तक व्यर्थ गए
जीवन की ही तरह।

[कवठा, 4/6/1982]

साँप

देहाती मिट्टी में,
शहराती खेतों में
हरे, काले, नीले
साँप रहते हैं।

दंश उनका शौक
उनकी अमिट भूख।
उनका स्वभाव
किसी पर खाना खार।

साँप की औलाद
बढ़ती है असीम।
बाँबी के देश में
अंधेर ही अंधेर।

साँप का दर्शन
उनकी पकड़ और गरल
बेचारगी में बदल जाता है बाँकपन
बाँकपन हो जाता है सरल।

घर-द्वार, दिल, दिमाग
ताक, गोठ, कोठी, अंदर-बाहर
साँप का निवास निरंतर,
मोटी केंचुल हर सुबह

संगठित इनका समाज—
जाति, उपजाति,
उप-उपजाति अनेक
धामिन, करइत, गेहुँअन
धन साँप, जल साँप, हरा साँप
साँप ही साँप
बाप रे बाप!
कौन ढूँढ़े
कौन मारे
इकट्ठा हुए भावुक सारे
सर्पदंश से मरता है आदमी
बँध जाती मांत्रिक की घिग्घी।

[जलगाँव (जामोद), 9/7/1982]

कभी न कभी

वहाँ अभी भी हैं अंत:पुर और रनिवास।
दीवान-ए-आम और दीवान-ए-खास,
सौध और खल्बतखाने।

देखते रहो केवल फतवे रोज-रोज नए-नए
कहो नहीं उनको झूठे।
धीर धरो, शक्ति समेटकर सहन करो।
दुखने लगेंगे हाथ, नहीं मिलेगी दाद,
इन नए जहाँगीरों के राज में
मिलेगा सिर्फ इनकार।

वहाँ अभी भी हैं 'जी हुजूर' वाले और
खुशामदी टट्टू।
वहाँ की दीवारों से आती है अभी भी
सीलन, नमी की गंदी बास।
वहाँ अभी भी जताया जाता है
खटने वालों के पसीने पर अधिकार।

बेटे चिंतामणि या गोविंद अथवा पांडुरंग,
आँसुओं को इस तरह
व्यर्थ मत जाने दो,
परंपरा को मानो,
रूढ़ि को देखो,

पिछले पृष्ठ से आगे...

महाद्वार पर खड़े रहो
बाट जोहते-जोहते,
जब तक आए तुम्हारा समय
तुम्हारा युग, तुम्हारा काल
कभी न कभी
राजा को होगा
प्रजा के दुखों पर खेद
ईश्वरेच्छा बलीयसी!

[जलगाँव (जामोद), 5/8/1982]

आचार-संहिता

छी: ! पता नहीं इन समाचार-पत्रों को क्या हुआ है?
पहले पृष्ठ पर फोटो :
बमबारी में ध्वस्त घर का।
दूसरे पृष्ठ पर :
बलात्कारित महिला की हत्या का।
तीसरे पर :
सूखे से दरारें पड़ी जमीन का।
चौथे पृष्ठ पर हैं दो-दो फोटो :
निष्कासित किए गए गुंडे के साथ
शराब पी रहे पुलिस का
और
सामने श्रोताओं के न रहते हुए भी
भाषण दे रहे नेताजी का।
यह कुछ ठीक नहीं!
क्या असर होगा मासूम युवा पीढ़ी पर?
समाज के मानसिक स्वास्थ्य पर?

देश के विषय में अपरिमित चिंता से
होकर बेचैन, लिखकर पत्र
मैंने इस बात को
रखा सरकार के सामने।

मुझे यह कहते हुए
प्रसन्नता होती है

कि समय बदल रहा है।
जनता और सरकार के बीच की
कम हो रही है खाई
मुझ जैसे साधारण के पत्र पर
इतनी तत्परता से
दिया गया है ध्यान
कि मैं हो गया हूँ आश्वस्त
भविष्य को लेकर।

अभी-अभी मुझे
सरकार की ओर से उत्तर मिला है।
उसमें कहा गया है—
'छाया-चित्रकार के लिए
आचार-संहिता तैयार की जा रही है।'

[कवठा, 17/8/1982]

दहशत

'हाथ काट दिए जाएँगे...'
—गली के दादा ने चाकू कसकर पकड़ा।
इधर मेरा मुँह ही सूख गया।

'माफ नहीं किया जाएगा...'
—सटोड़िया बहुत शांति से हँसा।
न किए गए अपराध से
मैं हक्का-बक्का हुआ।

'बीच चौराहे में फाँसी पर लटकाया जाएगा...'
दवा में मिलावट करने वाले ने
मिलावट का पैमाना बढ़ाया।
मेरा ही ब्लड प्रेशर बढ़ गया।

हर इशारे पर मैं चौंका।
हमेशा चलता रहता हूँ
हाथ ऊपर किए
ताकि संदेह बना न रहे।
आजकल पैंट में जेबें भी नहीं सिलवाता।
रास्ते पर चलते हुए,
हमेशा गुनगुनाता हूँ राष्ट्रभक्ति के गीत...

पर मैं क्या करूँ?
मेरा डर होता ही नहीं कम

मैं चौबीसों घंटे दहशत में जीता हूँ...
आप मुझे समझाइए नहीं।
मैं अभी भूला नहीं हूँ—
ससुर पर किए गए आरोपों की जाँच के लिए
गर्भवती बहू के पेट पर
मारी गई लातों को...

[जलगाँव (जामोद), 30/9/1982]

मरण-काल

उन्होंने हमें स्वच्छ रखा।
घिसकर लकदक, पोंछकर साफ—
उन्होंने हमारा पूरा ध्यान रखा।

हमें अपना छीजना
लगता था गौरवपूर्ण
और एक महान सात्त्विक आनंद—
कि कल के निर्माण में
हमारा नाम शिला पर
न होने से कुछ नहीं बिगड़ता।

हम उनकी हिफाजत से गद्गद,
उनके इशारे पर सावधान,
उकसाने पर उनके कृतिशील।
उनके आशीर्वाद,
उनका समर्थन,
उनका मार्गदर्शन,
उनका जादू...
हम मानो एक वर्दी में होते हैं
अपने को भूलकर।
धूप की छत के नीचे,
बारिश पीकर,
ठंड को ओढ़कर।

उनके शब्द की,
हम गहन गंभीर प्रतिध्वनि।
एक दिन अचानक
हमने उनको देखा—
स्नानगृह में मिट्टी के पाँवों को
सूखा रखकर नहाते हुए।

बस, तभी से उनकी नजरें
बदल गईं।
समझ में आया,
उन्होंने क्यों रखा है हमें,
अपने अंत:पुर से दूर।

हमारी बेचैनी,
हमारी खलबली,
तने हुए चेहरे हमारे
उन्होंने निरख लिये।

उन्होंने हमें मुक्त किया।
फेर ली है पीठ।
छोड़ दिया है उन्होंने
हमारा इस्तेमाल करना।
अब हमारी हालत ऐसी
कि खून ही खतम!
सूनी आँखों से हम
जागते ही जागते
देखते हैं सपने,
तो दिखता है हमें
कल देखे गए सपनों का मरण-काल

[कवठा, 27/11/1982]

नित नया दिन

सूर्य उगा था।
हमने नमस्कार किया।
स्तोत्र कहे।
बाट जोहते रहे
प्रकाश की।

सूर्य उगा।
ऊपर चढ़ने लगा।
सीधे—
सिर पर आ गया।
लेकिन यह क्या!
जलन ही जलन
प्रकाश है ही नहीं
—सिर्फ गर्मी।

हम त्रस्त हुए।
झेंपकर ढूँढ़ने लगे
अपने ही अंत:करण की
गुप्त जगहें—
छिपने के लिए।

गहन छाया वाले
ममतालु वृक्ष और
हँसते-हँसते अपने साथ

दौड़ने वाली नदियों की याद
धुँधली होने लगी
अपनी ही आँख की
गंगा-जमुना के कारण।

असमय में ही सँवलाने वाली
अपनी त्वचा, सिकुड़े हुए चेहरे
और वर्तुलों से घिरी पुतलियाँ
कह देती हैं कथा
हमेशा की।

हमने खोजबीन की—
खून में तूफान की,
हृदय की आँधी की,
पर हमें दिखाई पड़े
एक-दूसरे पर गिरकर
चूर-चूर हुए उनके प्रेत।

कल के सूर्य पर
ऐन दोपहर में ही
जंग चढ़ गया,
और उसकी, हवा द्वारा की गई खुरचन
हमारे मगज पर
परत के समान फैल गई।

अब—
कुछ भी फायदा नहीं
प्रार्थना-मन्नत से
या
मुर्गे को ढँकने से।

वह देखिए,
क्षितिज पर
नया सूर्य
असमय में ही
उग रहा है।
उठिए,
नमस्कार कीजिए।
स्तोत्र कहिए।
बाट जोहिए।
प्रकाश की...।

[जलगाँव (जामोद), 17/12/1982]

चक्कर

इस रास्ते के
सभी पेड़ों को
मैं पूरा जानता हूँ,
—यह मैं कभी नहीं कहूँगा।
जान भी कैसे सकता हूँ?
उन्होंने कहाँ खोला अपने मन को?
किसी के पत्ते,
किसी के फूल,
किसी की छायाएँ ही सिर्फ
मेरी समझ में आईं।

यह जरूर हुआ
कि इन सबकी समझ में आए
मेरे बेहिसाब चक्कर।

[जलगाँव (जामोद), 11/1/1983]

संतुलन

यह घास मेरे हृदय में ही थी।
वह सूखती थी,
धूल में अदृश्य होती थी,
झुकती थी, उठती थी।
किसी भी क्षण—
ऐन दोपहरी में
उस पर दो बूँदें
हौले से टपकती थीं।
घास अमर थी ही,
इधर वह बारहों मास
हरी-भरी रहने लगी है...
भीतर का बहरना, बाहर की ॠतुएँ—
दोनों का विसंवाद वहन करना
कितना भयंकर घटाटोप!
लेकिन अब घास ही मुझे
ॠतुओं की क्षणभंगुरता का विश्वास दिलाकर
रखती है संतुलित।

[जलगाँव (जामोद), 13/3/1983]

चिड़ियाँ

मित्र की कोठी में
विलायती फूलों का
पौधा तरोताजा;
मेरा खुश हो जाना
परायी मिट्टी में—
उगे, फूले बीज को देखकर।
मित्र का बताना—
एक चिड़िया का
किसी कारण जख्मी होकर
आँगन में गिरना, मरना।
गमले की मिट्टी में
उसको दफनाना
पौधे का बढ़ना,
लहलहाना;
—रहस्य खोलने की मुद्रा में
मित्र का यों
उत्साहित हो जाना।

कुछ काल बीतने पर
मेरा पुनः
मित्र के यहाँ जाना
खुश होना
देखकर हर एक

गमले में
पौधे का गदराना।
फिर मेरा चौंकना,
शंकित होना,
देखकर मुझे
मित्र का आँख बचाना—
मानो रंग छिपाकर
जेब में हाथ डालना।
मुझे तब एहसास होना—
आँगन, पेड़, ओरी का
पक्षीरहित होना!

मुझे अनायास ही याद आना—
कवठा—मेरे गाँव—में
काकी का रसोईघर में
चूल्हे के सामने बैठना;
मेरी थाली की रोटी
उठाने के लिए
औसारे की चिड़ियों का
जोर पकड़ना;
उनका बेमुरव्वतखोरी से पेश आना,
फुदकना बिलकुल सटकर,
घुसखोरी करना ठेठ रसोईघर में,
काकी के बिलकुल निकट की
परात में से उठाकर लोई
चोंच से तोड़ना,
उठाकर भाग जाना।
काकी का गुस्सा करना,
असहाय होना,
आखिर—

थोड़ा-सा भात,
थोड़ी-सी लोई,
थोड़ी दूर पर रख आना;
चिड़ियों के लिए
धूल में ही
अलग थाली
परोस देना।

[कवठा, 30/4/1983]

बेटियाँ

बेटियाँ यानी चूल्हे का खाद्य,
दहलीज की कैदी
और वटवृक्ष की बेगार;
होंठों पर हँसी लाकर
रहना पड़ता है उसे
आजन्म सँभलकर
—आँखों में रेती की चुभन लिये;
—जीवन-भर तकलीफ झेलते हुए;
—हवा, घर-बार—सबकी कसक सहते हुए
—दर्पण के सामने आँचल पसारे।

छाती, जाँघ, गाल
—क्या-क्या सहते हुए;
अपनी ही आग में जलते हुए;
किसी अपरिचित के लिए
चंद्र की हिफाजत करते, ढँकते
और लजाते-लजाते खोलते हुए।

मेघना बेटी,
मेरी जाति द्वारा
लादी गई व्यवस्था में तुम
झुलसती रहोगी
या रहोगी चमकती

खुद जलकर दमकने वाले कोयले की तरह?
या जिओगी तुम
सारी सजा को मानकर
चूल्हा, दहलीज और वटवृक्ष को
बाद देते हुए?

[कवठा, 30/4/1983]

नाटक

प्रेक्षक सोचते हैं,
पर प्रकाश स्टेज पर होता है
और प्रेक्षक अँधेरे में
खुद को कुर्सी में ठूँसकर
लकड़ी के हत्थे पर
लकड़ी-सा हाथ रखकर।
बीच में ही कोई उठता है।
अनेक की भावनाओं का
मानो प्रतीक वह।
बरामदे में जाकर
फूँकता है बीड़ियाँ,
पीता है चाय,
और फिर से फूँकता है बीड़ियाँ।
पहला अंक होता है समाप्त
लोग बोलते नहीं आपस में
कोई पेशाबघर, कोई टी-स्टॉल
और कोई बाहर—
जाता है सुनसान कोने में।
घंटी बजती है।
क्या सोचकर वे
अंदर लौट आते हैं?
—कोई नहीं जानता!
दिग्दर्शक प्रतिक्रियाएँ आजमाने का

असफल प्रयास करता है
स्टेज के पास वाले छेद से
देख-देखकर।
प्रेक्षक सोचते हैं
कथानक
पात्रों का चयन,
वेशभूषा, केशभूषा,
नेपथ्य,
प्रकाश-योजना,
पार्श्वसंगीत के—
बीच का संबंध,
असंगति
और बिगड़ा हुआ संतुलन।
प्रेक्षक दूसरा अंक
किसी तरह होने देते हैं पूरा।
फिर अनपेक्षित ही,
शुरू होती है कानाफूसी;
कानाफूसी—
यकायक गड़बड़ी का
रूप लेती है।
प्रेक्षक सोचते हैं,
और आखिर
नायक को
रंगमंच से
निकाल बाहर कर देते हैं।

[कवठा, 6/5/1983]

लड़की

लड़की
खुद को सँभालो।
आँखों की तितलियों पर रखो
पलकों की धाक।
झुकाए कंधों के गढ़े में
छिपा दो खरगोश-से उरोज।
इकहरी चोटी का मोटा छोर, पूँछ-सा
पता नहीं, किसकी छाती पर साँप-सा
बनकर भार पड़ा रहेगा?
हँसो तो यों हँसो जैसा कोई बावला;
चलना हो तो चलो उलटा-सीधा;
वरना नितंब के लयबद्ध हलकोरे
घंघोल डालेंगे
किसी के दिल का पानी।
किनकिनी आवाज में मत बोलो;
कानों के ठीकरे न करो।
हथेलियों की कोमलता पर
मत चढ़ाओ मेहँदी की मेहराब।
लहँगा यों पहनो
जिससे पिंडलियों की सुघड़ बिजली
ढँक जाए पूरी।
और,
मेहरबानी कर

फ्रॉक के किनारे को उठाकर
नाक मत पोंछो;
वरना बिलकुल मोक्ष मिल जाएगा
हमारी कमीनी आत्माओं को।

[जलगाँव (जामोद), 20/6/1983]

जलचर

किसी भी दिशा में जाने पर
सामने आते हैं जहर के सागर।
मैं सावधान रहता हूँ;
टालता रहता हूँ—
उनके पास जाना।
इनका हरा रंग
आकर्षक होता है
सिनेमा की
अभिनेत्री के स्तनों जैसा
अथवा
महापुरुषों के स्मरण-जैसा।
किनारे पर लोग—
निरुद्देश्य भटकने वाले :
सागर की लहर उनको
ले ही लेती है खींचकर
कर देती है मनुष्य का
जलचर में भाषांतर।
फिर—
ये जलचर
किनारे के लोगों के
असावधान क्षणों में
आ जाते हैं रेती पर
और

टपका देते हैं विषैली लार!
उसके संसर्ग से ही
आदमी की जिंदगी का रंग,
सागर में बहा दिये जाने वाले
बेकार पानी–सा
गंदा हो जाता है।
मैं बेचैन होता हूँ;
हाथ मलता हुआ
किनारे से दूर रहता हूँ।
ध्यान रखता हुआ—
सागर के निकट जाना टालता हूँ।
मैं जलचर होना नहीं चाहता।

[जलगाँव (जामोद), 20/6/1983]

बाढ़

पानी ने अब
खतरे की सीमा पार की है,
हम कोशिश कर रहे हैं—
मुँह और नाक को बचाने की।
इस पानी का
दौड़ना, पूरा वेग पकड़ना,
कलकलना
—सब कुछ
जहरीले नाग की तरह
आ रहा है चढ़कर
हमारे ऊपर।
किनारे कभी के डूब गए हैं;
डूबकर वे खो गए हैं;
किश्तियाँ सारी उलट गई हैं;
लौकियाँ सूखी-तैरने का आधार—
टूटकर तितर-बितर हुई हैं।
अब फिर एक बार—
वही प्राथमिक उपचार
मुकाबले के लिए जरूरी है।
चलो, उतारो कपड़े,
कूद पड़ो लंगोट के साथ,
हो जाओ सवार
किसी बहते पेड़ पर

सम्राट की तरह।
समुद्र में हमारा विसर्जन होगा
—ऐसा क्षुद्र विचार
क्यों लाएँ मन में बार-बार?
संभव है, अपरिचित द्वीप कोई
आपके स्वागत के लिए
होगा तैयार।

[जलगाँव (जामोद), 22/7/1983]

दिवाकर नेमाड़े उर्फ सरला भोले उर्फ दाजी

रहस्य कथाओं का लेखन,
शराब का प्याला,
तंबाकू की फंकी
और अपने पर अविश्वास
—इतनी पूँजी के बल पर उसने
बिताया जीवन।
रोटी, दाल, चावल
या जीते जी का मरण
—छिपाकर सब कुछ
सिर्फ हँसी ही परोसी उसने
लोगों की थाली में।
अंत में गिनने लगा वह
अपनी मिल्कियत
यद्यपि हो रही थी दिक्कत
उसने लोगों की गाली-गलौज को
अपनी जमा-पूँजी का हिस्सा माना।
जो भी बचा अंत में
मृत्यु के दाँव पर लगाकर उसे
सैकड़ों चाहने वालों के नगर में,
एक पुराने तालाब के किनारे,
अपनी खाली मुट्ठी में उसने
त्याग दिये प्राण।

हमने उसके शव से पूछा :
दाजी, हमारी कुछ
गलती तो नहीं हुई ?
(आपकी मित्रता का बनाकर विज्ञापन
जेब भरने का व्रत हमारा
खाली तो नहीं गया ?)
इतने बदनाम की अंत्ययात्रा में
सात लोग आए,
—यह भी कुछ कम हुआ ?
मैं नहीं था आपका सगा
फिर भी बिगड़ा नहीं कुछ;
बोझ टालकर किसी ने छोड़ दिया,
पर मैंने अरथी में जरूर कंधा दिया।
इतना काफी है हमारे लिए,
मित्रता (मरणोपरांत की) निर्वाह की
कथा के लिए।
(वरना, कथा के अलावा
रहा ही क्या है हमारी गाँठ में ?)
हमें जल्दी थी
अपने-अपने काम पर जाने की
(जल्दी में अंत्ययात्रा पूरी करने की)
चिता जलने पर
कहा भी किसी ने :
'अरे, मैंने अपने रुपयों से दाजी को
शराब पिलाई थी कई बार...'
मन झट् से हिल गया—
अच्छा हुआ,
उसी वक्त बेल बज गई—
खोपड़ी फूटने की।

[जलगाँव (जामोद), 23-27/9/1983]

अर्जी

बर्रा आकर जोर से काटता है
बिच्छू आकर डंक मारता है
साँप आकर खट् से डसता है

मैं ऐरा गैरा नत्थू खैरा
अर्जी पेश करता हूँ कि :

हे मेरे
कल्याणकारी व्यवस्था के प्रमुखो,
आप काटने की आदत वाले प्राणियों का
बंदोबस्त नहीं कर सकते—
मैं यह अपने अनुभव से जानता हूँ
आपकी मजबूरी को मैं
जरूर समझ सकता हूँ
(यद्यपि स्वीकार नहीं करता)

लेकिन
मेहरबानी कर आप
अपने प्राथमिक स्वास्थ्य केंद्रों में
इलाज की व्यवस्था करें
इतनी ही नम्र विनती है...

[जलगाँव (जामोद), 21/1/1984]

असलियत

वह फावड़ा लिये
झुक-झुककर डाँड बनाता है;
कुएँ के पानी में
मिलाकर अपना खून
पहुँचाता है उसे फसल तक।

फसल को बचाने के लिए
रोगों से,
चोरों से—
वह खून और पानी
एक करता है।

फसल के हरेपन की लार
उसके मुँह से
लगती है टपकने।
कटनी के समय तो
वह पैरों के नीचे
दो उँगली धँसा हुआ
स्वर्ग देख लेता है।

फिर ले आता है बाजार में
खून पर पोसी गई अपनी फसल
और

बेच देता है पानी के मोल से।
यह सब
आगामी पीढ़ी के लिए
हृदयद्रावक या ऐसा कुछ लगेगा,
लेकिन
यह बात शायद उस पीढ़ी की
समझ में नहीं आएगी
कि
खून और पानी में
कोई फर्क नहीं करता
—इस असलियत की
अब उसे आदत पड़ गई है।

[जलगाँव (जामोद), 21/1/1984]

अगले जन्म में

मैं काली माँ कही जाने वाली मिट्टी से
उगने वाले, सफेद सोने पर निर्भर नहीं हूँ;
अवलंबित हूँ मैं खेत की सीमा पर,
मेंड़ पर, अंधाधुंध बढ़ने वाली घास पर!

चटपटी गंध की डकार देने—
और फूलों के पौधों की जड़ में
हाथ धोने की मनीषा मेरी,
नहीं हुई है अब तक पूरी।

मैं खुश हो जाता हूँ—
घास को हिफाजत से रखकर,
काटकर, उसके ऊँचे-ऊँचे टाल बनाकर।

कुठलों में रखी गई जवार के
आखिरी दाने भी चुक जाते हैं जब,
मैं घास बेचने का
निर्णय करता हूँ।
तब,
ओछे मन वाला कोई दुश्मन,
आग लगा देता है,
घास के सूखे मुट्ठों में,
और मेरा हृदय भी

जलता रहता है देर तक
जलती हुई टाल-सा।

यह अच्छा है
कि घास अमर है,
राख में से भी उगती है वह हरी-भरी...
प्रश्न यह है कि
क्या मेरे भाग्य में जलना ही होगा
अगले जन्म में भी?

[जलगाँव (जामोद), 7/2/1984]

रँभाना

चरागाह में
मरियल मवेशी
खड़े रहते हैं दिन-भर।
चरागाह में घास नहीं,
न ही गायों के पेट में खाद्य,
गायें हगती नहीं,
और चरवाहे बच्चे
होते हैं उदास—
गोबर की टोकरियों के
खाली मुँह देखकर।
वे कौर खिलाते हैं—
अपने मुँह को अपनी ही थूक का।
बछड़ों की हालत—
इससे बेहतर क्या होगी?
गायों की आँखों में
भर आता है दुख अपार
जो फैल जाता है गाँव-भर में—
शाम को चुपचाप,
गोठ में लौटने वाली
गायों के रँभाने के साथ-साथ।

[जलगाँव (जामोद), 7/2/1984]

नकार

इसका मतलब
आप मुझे धोखा देते रहे।
आपके पदचिह्नों पर
रखते हुए पैर,
मुड़ते हुए आपके इशारे पर,
यहाँ तक आया मैं चलते हुए
एक भी शब्द बिना कहे।

आपने ही मुझे निकाला
गाँव से बाहर,
भरपूर पानी का दिखाकर सपना;
रास्ते में नदियों, उद्यानों,
हिमशिखरों, फलबागानों का—
अस्तित्व बताकर।

अब,
जब कि समाप्त हुई
दीर्घ रेतीले इलाके की यात्रा,
बता रहे हैं आप—
कगार से गिरना ही,
एक मात्र पर्याय है
इस यात्रा का!
मतलब, आप जानते थे

कि गिरना ही भाग्य में बदा है
जिसे आप लाद रहे हैं मुझ पर!

नहीं,

मैं आपके साथ कगार से
कूद नहीं पडूँगा।
मिटने दीजिए रेतीले इलाके के पगचिह्न
अगर मिटना हो उन्हें।

मैं लौट जाऊँगा।

यों अनिच्छा से
कूदने से बेहतर होगा
कि मैं रेती में एड़ियाँ
रगड़कर मर जाऊँ—
मृगजल की आशा से।

[जलगाँव (जामोद), 8/2/1984]

आज की घड़ी में

न आगा न पीछा वाले इस गाँव में
ठूँठ को है कोंपलों की आकांक्षा।
न घर के न घाट के इन पंछियों को
भ्रम है सूर्यबिंब को चूम लेने का।
न इधर के न उधर के लोटों को
विश्वास है अपने पूजा-पात्र होने का।
इनका आसमान है—
इनकी धोती इतना विशाल,
और अरण्य इनके—
इन्हीं के गमले इतने व्यापक।

ऐ मेरे ऊधमी जीव,
क्यों नहीं तुम भी पसारते बिछौना
किसी बौने महाभाग के ओसारे में?
और देखकर इनका नंगापन
क्यों नहीं गाते स्तोत्र आँख मूँदकर—
इनके महंत महान वस्त्रों का?

समझ लो इस बात को
कि मेढकों के लिए
गड़हा ही सागर रूप होता है,
और सिर्फ केकड़ों को होता है
अपनी चाल पर गर्व।

तुम भी बन जाओ प्राणिस्वरूप
और सीख लो रुख बदलते—
कीड़ों का शरीरशास्त्र,
या फेर दो पीठ
हवा का रुख देखकर
जिसकी, आज की घड़ी में तुम्हें
बहुत-बहुत जरूरत है।

यह विचार मन में भी मत लाओ
कि कल शरम लगेगी अपनी ही अपने को!
तुम इस बात का पक्का भरोसा रखो :
एक बार बाँध देने पर पैरों में
सगुण भक्ति के कड़े,
इच्छा ही नहीं होगी
तुम्हारे तोते को
आसमान की!

[जलगाँव (जामोद), 8/2/1984]

अरण्यविलाप

आसमान में चंद्र है
लेकिन उसका प्रकाश
पहुँचता नहीं मेरे
हृदय की निचली सतह तक।
मैं दीवारों, खिड़कियों और छप्पर से
चूने वाली किरणों को ही सहता हूँ।
अपनी शेष इच्छा-आकांक्षाओं को
सटाकर अपने पेट से
रोता हूँ फफक-फफककर।
लोग कहते हैं—
यह अरण्यविलाप है आपका।
मैं चुपचाप अपने ही घर में
स्वीकार करता हूँ
कि हाँ, मैं अरण्य में हूँ।
अब झाड़-झंखाड़
उग रहे हैं मेरे दिमाग पर,
और उनका पूर्णतः
आसमान की कृपा पर जीना,
स्वीकार कर लेता हूँ मैं
भागधेय मानकर
अपने जीवन का।

[जलगाँव (जामोद), 17/2/1984]

मिट्टी की गंध

यह मिट्टी की गंध है।
सिगरेट फेंको,
मिट्टी की गंध सूँघ लो।
देखो, कैसे आ रही है वह
ताबदानों को भेदकर!
बैल अब जरूर अफरा गए होंगे;
टहनियों ने लिए होंगे झोंके ललचाकर;
स्त्रियाँ लौट रही होंगी—
खुशी में भींगती हुई,
और पुरुषों के पैरों में होंगे
कीचड़-लोंदों से भरे जूते।

ले लो,
यह मिट्टी की गंध है;
सूँघ लो, उन्मत्त बनो;
लो!
यह बिजली चमकी!!
अब,
आसमान घिर जाएगा बादलों से,
फिर—
बारिश
और कल,
पूरा सिवान हरा-भरा...!

[जलगाँव (जामोद), 2/3/1984]

खर-पात

वह
कितना प्रयास करता है :
गर्मी में लोहे का हल चलाया,
बरसात में चलाया लकड़ी का हल;
बाद में हेंगा-पटेला;
फिर चलीं स्त्रियों की खुरपियाँ...
मगर खेत की खर-पात जाती नहीं।
फसल की गर्दन को पकड़ती रहती है साली!
विषैली दवा के फव्वारों पर भी
खर-पात नष्ट नहीं होती!

वह
लगभग पागल होता है;
मुट्ठी भर-भरकर
खर-पात उखाड़ता है;
हथेलियाँ छिल जाती हैं,
मगर खर-पात नष्ट नहीं होती!

आखिर वह
इस निर्णय पर आता है—
इस मिट्टी की खर-पात
न नष्ट होती है,
और न नष्ट होगी कभी!

अब वह
सिर पकड़कर बैठ जाता है,
बेहद प्रयास करता है
कि दिमाग में खर-पात के
बीज न पड़ें।

[जलगाँव (जामोद), 2/3/1984]

लड़के

लड़के देहातों से आते हैं।
न पैरों में चप्पल,
न बालों में तेल।
पाजामे पर पीछे
लगी हुई थिगली,
ऊपर पट्टेदार बुश्शर्ट
आधी बाँहों वाली।
लड़के
जैसे ग्लानि में हों
उसी हालत में
सुनते हैं मराठी की कविता,
सुनते हैं अर्थशास्त्र का सिद्धांत,
देखते हैं विश्व का नक्शा,
या करते हैं अकाउंटेंसी में
आँकड़ों का गणित।
बालों में उनके
अटका हुआ होता है
सुबह
सिर पर लादकर
खेत से घर
लाये गए कड़बी के अंबार का
पीला-सूखा एकाध तिनका।
कापी पर अक्षर

थकान से भी बढ़कर
धीमी गति से निकलते हैं।
तभी घोषणा की जाती है
सांस्कृतिक सभा के आयोजन की
और
हॉल में होकर इकट्ठा
लड़के सुनते हैं—
युवा पीढ़ी की जिम्मेदारी पर व्याख्यान
किसी महापुरुष के जीवन का आख्यान,
हाथ में बस का पास धरे
बस स्टैंड की दिशा में देखते हुए...
और अंत में खड़े होकर
'जनगणमन' गाते-गाते
लड़के बेहद थक जाते हैं—
पता नहीं लड़खड़ाकर कब गिरेंगे ?

[जलगाँव (जामोद), 8/3/1984]

स्वतंत्रता

तुम यहाँ नहीं हो
और मैं यहाँ हूँ।
मध्ययुगीन सम्राट की तरह
या
परिकथा के राक्षस की तरह
विचरता हूँ इस घर में।
मैं उन्मुक्त भटकता हूँ
चारों दिशाओं में।

हवा को मुट्ठी में लेता हूँ।
क्षमा कर छोड़ देता हूँ।
पैर के अँगूठे तले
दबाकर रखता हूँ पृथ्वी को
आसमान को चबाकर
खिड़की से बाहर फेंकता हूँ।
तुम यहाँ नहीं हो
मैं अमानुष बनता हूँ।
रास्ते के बीच में खड़ा रहता हूँ
वाहनों से सही ढंग से दौड़ने की
अपेक्षा करता हूँ।
तुम यहाँ नहीं हो
और मैं भोग लेता हूँ
मेरे शरीर के जले-भुने वसंत को।

तुम आओ
तुम आओ
तुम आओ
तुम्हारा बंधन
तुम्हारे हाथ
तुम्हारा स्पर्श
तुम्हारी आहट
सिर्फ अस्तित्व तुम्हारा
मेरी स्वतंत्रता को
अर्थ प्रदान करेगा!

[जलगाँव (जामोद), 15/3/1984]

हवा

किसके लिए जीना
किसलिए यह दिन-रात का खटना?
—यह आवेग, बीच-बीच में (ही सही)
विरक्ति का राग अलापना,
सिगरेट फूँकते-फूँकते
तानना गले की शिराओं को,
किसी के नंगे पाँवों के लिए
बन जाना पाँवड़ा,
—मेरे सामने यह सवाल नहीं है।

मित्र,
देखो पेड़ और सूर्य को,
ताको नदी और पहाड़ को,
निरखो आसमान और जमीन को,
—मेरा जन्म हुआ है इन्हीं के वीर्य से
मेरे खून में उड़ रही हैं
उन्हीं की दयानत की तितलियाँ।
मैं निकल जाता हूँ
किसी लाजवंती के गाल को छूकर
हवा की तरह।
उसको अगर अच्छी लग जाती हो
हवा की वह हल्की बयार
सतत चलती लू के प्रदेश में—

बस,
इतना काफी है मेरे लिए।
वह लजाकर हँसती है
या
हँसकर लजाती है
—यह देखने के लिए
मैं नहीं रुकता।

[जलगाँव (जामोद), 8/7/1984]

झगड़ा

मैं एक सत्य :
एक पुरुष की नंगी भूख
और एक स्त्री की कुलीन विवशता
—दोनों की संतान!

मेरे खून में
परंपरागत धारणा
आनुवंशिकता के नियमानुसार;
पर्यावरण के तत्त्व
और मैं—संघर्ष अनिवार!

मैं सुनता और बोलता रहता हूँ—
किसी प्राचीन उत्खनन के बोल।
बनाए रखता हूँ
आसमान के साथ संतुलन।

मेरी हथेली पर है ग्रंथ।
सिर पर है पोथी।
यहाँ के ब्रह्मवाक्यों के गले में हार
और नाक में है मोती।

एक पग आगे,
एक पग पीछे,

—ऐसी यात्रा है शुरू
खोलते हुए धागे।

हल करता हूँ कोष्ठक छोटे और बड़े
—पूर्वजों के अनाहूत उपकारों के
और अनायास ही सँवलाते हैं
राजहंस मेरी चेतना के।

[कवठा, 11/7/1984]

हाँक

रंडियों से संबंध बढ़ाना
हितकर नहीं होता
सभ्य और प्रतिष्ठित
पुरुषों के लिए।

रंडियाँ
उँगली देने पर
पोंचा पकड़ती हैं।
हम अपने से अमीर
रिश्तेदारों के साथ,
हिलाते हुए गर्दन
चल रहे होते हैं रास्ते पर,
तभी अचानक
हाँक लगाती हैं—
'ओऽ भाई ऽऽ'

नशा की अति होने पर
पुरुष जग जाता है
कायरता पर ऊँची आवाज का
आवरण चढ़ाता है
और नोटों की संख्यानुसार
लादता है अपना आदिम अहंकार।
पर रंडियाँ?

छि! छि!!
गंदी औरत साली...
कीचड़ में रहते-रहते
कीचड़ बनने वाली
प्रतिष्ठित पुरुष ले जाते हैं
उसमें खिले हुए
केवल सुख के कमल।
यों
रंडियों की नैतिकता
ग्राहकों की पूँजी के अनुसार
बदलती है
—यह
मुझे
आपसे कहने की
जरूरत है?

चोर को ही
बचाना चाहिए चोर का घर,
—कम से कम
इतना सीधा-सादा
सूत्र
उसकी समझ में
नहीं आना चाहिए?

सभ्य लोगों की सनातन
संस्कृति पर पड़ा हुआ दाग
और काष्ठ बने हुओं की आग
प्रकट होती है रंडियों के रूप में
और
बिना किसी कारण के,

यों ही
प्रतिष्ठितों की आबरू
ठीक रास्ते में
मिल जाती है मिट्टी में
सिर्फ एक हाँक से—
'ओऽ भाईऽऽ'

[जलगाँव (जामोद), 12/7/1984]

क्षमस्व

ना, ना,
मुझे आग्रह नहीं कीजिए।
अनैतिक लगता है मुझे
उनके साथ जाना।
शरम लगती है मुझे
आपके साथ आने में।
जरा-सा ही अंतर है रंग में;
जरा-सा ही फासला है दर्जे में;
बस इतना ही,
मूल अंतर कुछ नहीं
—यह मैं जान चुका हूँ।
बार-बार का अनुभव मेरा—
मुँह के बल गिरना;
अब मैं नहीं चाहता—
उसे आदत में बदल देना।
आपके शब्दजाल में डूबे—
युक्तिवाद से ऊबकर,
मानकर तथाकथित जिम्मेदारी,
आपके आग्रह का शिकार होकर
झूठ बोल भी लूँगा
हजारों के सामने एक बार—
मगर

मैं दर्पण को मुँह कैसे दिखा पाऊँगा?
मेरे लिए लख लाभ रहे
मेरी बावली ताकत!
क्षमस्व!

[जलगाँव (जामोद), 10/8/1984]

तब आप क्या करेंगे?

मैं आपको बता दूँगा पत्र लिखकर
मेरी, अपने साथी की, इस माटी की दुर्दशा;
अथवा लिखकर कविता
—उपमा, रूपक, बिंब, अंत्यानुप्रास से समृद्ध;
पर आप अपने निरक्षर होने का,
प्रमाण-पत्र प्रस्तुत करेंगे!

मैं मंच से कह दूँगा
कड़वे रस में घोलकर एक-एक शब्द।
मैं आवेगी गीत गाऊँगा
अपनी आवाज में तप्त लावा रस मिलाकर,
जो जनमानस में उछल पड़ेगा;
पर आप अपनी चाँदी की कनखोदनी से
कान की गंदगी निकालने के लिए—
समय माँगेंगे।

मैं खड़ा हो जाऊँगा आपके सामने नंगा,
खून से सने वर्तमान को,
जीवंत प्रमाण-पत्र की तरह
दोनों हाथों से धरे हुए;
पर आप मोतियाबिंद के ऑपरेशन के लिए
भर्ती हो जाएँगे अस्पताल में।
तब मैं खींच लूँगा आपके शुभ्र वस्त्र

और नाखून से अपने खींच दूँगा—
आपके शरीर पर हमारी यातनाओं का नक्शा
—तब आप क्या करेंगे ?
अपने को संवेदनहीन घोषित करेंगे ?
बताइए,
बताइए,
तब आप क्या करेंगे ?

[जलगाँव (जामोद), 20/8/1984]

शुभकामना

आप पर बंधन है—
जिसको बताए,
उसको काटने का
और कल
उसी के पैरों को चाटने का
आपको स्वतंत्रता है
समय आते ही
उस पर भौंकने का।

सागर और जमीन
आसमान और हवा
को लेकर
आपके मत
स्खलनशील रहें;
आ ही जाए
कुछ कठिनाई,
तो मौन धारण करने की
आपकी विनती
हो सकती है मान्य।

गाना, नाचना, कूदना
कुछ भी कीजिए
पर ध्यान में रखिए—

आठ के बाद कर्फ्यू शुरू होता है
विवेक की गली में।
देखिए नहीं
सपनों के जुगनुओं को,
भले ही रात बिताइए आत्मा की
अँधेरी कोठरी में।

घुटने, नाक और जीभ को,
कुशल बनाने वाले
स्कूल में,
दाखिल कीजिए आप अपना नाम,
बीच-बीच में दीजिए—
अपनी कुशलता के प्रमाण।

आप काले हों या गोरे,
हमारी व्यापक दृष्टि में
आप हैं एक समान!
आप विद्रोही हों या हों पाखंडी
हम आपके हैं साथी।
हमारी कृपा की छाया,
मदद का हाथ,
हमेशा होगा आपके साथ।
देखिए न जरा
हमारी नजर।
कैसी फैली है
पूर्व-पश्चिम से
दक्षिणोत्तर!!
आपके लिए हमारे कोट की
बाईं जेब में है रोटी
दाईं में है आजादी!

हम अपनी
जिम्मेदारी को निभाते हैं,
आप अपने
कर्तव्य को पहचानिए।
टेढ़ी भौं और
माथे पर बल,
मेल नहीं खाते
हमारी संस्कृति से;
इसलिए,
इतना ही कीजिए—
गोल के बाहर
पैर नहीं रखिए,
अपने कान उमेठने की नौबत
बड़े भाई पर आने नहीं दीजिए।

आपको अपने
स्वाधीनता दिवस के उपलक्ष्य में
हार्दिक शुभकामना!

[जलगाँव (जामोद), 6/10/1984]

ये लोग

यहाँ सूर्य है
मेरी त्वचा को
तवे की तरह जलाने वाला
और
सैकड़ों की जिंदगी को
उजियाला देने वाला,
गरमाहट देने वाला।

यहाँ नदी है :
तीर पर मेरे खेत को
हर साल कुरेदने वाली,
और
गाँव के मवेशियों की,
बारहों मास प्यास बुझाने वाली।

यहाँ पेड़ हैं :
मेरी फसल को,
छीलने वाले बंदरों को,
बदन पर झेलने वाले
और
घर-परिवार के लोगों को
फल, छाया देने वाले।

यह सही है
कि अच्छे-बुरे का विवेक
मैं देर से समझ पाया,
पर यह निश्चित है
कि ये लोग
मुझे धोखा नहीं देते।

[जलगाँव (जामोद), 6/10/1984]

मृत्यु

मृत्यु कतई नहीं अनाकलनीय
अथवा अमूर्त
लिखी जाएँ जिस पर दुर्बोध कविताएँ।

मृत्यु
सीधे बैठकर आती है
लॉरी के बॉनेट पर
रस्सियाँ जिसकी
होती हैं, शराब पिए
ड्राइवर के हाथों में।

मनुष्य का सनातन अज्ञान
और अंधी भावुकता
बना देती है मृत्यु को
ईश्वर से भी गूढ़।
एक फालतू शीर्षक—
'भाग्य का खेल'—
के अंतर्गत
किया जाता है कौतुक
मृत्यु का, उसके खून-खराबे का।

मृत्यु को हम भी बढ़ाते हैं
कभी-कभी कला-कला से

अपने खून में, हड्डियों में,
हृदय में, जो किसी रोग का
नाम होता है अंत में।

मृत्यु की बास गंदी,
मृत्यु का चेहरा टेढ़ा-मेढ़ा,
—इस प्रकार मृत्यु का सब कुछ होता है
—सगुण-साकार।
यह जानते हुए भी
कि आगे अंगारे हैं,
चलकर जाना नंगे पैर
और इस बावलेपन को ही
नाम देना—'मृत्यु'!
वाह, भाई, वाह!

मृत्यु
आरामतलबों के लिए भीषण,
दुर्धर रोगग्रस्त के लिए—
आखिर का राशन,
मृत्यु होती है तालाब—
आत्मघात करने वालों के लिए;
मृत्यु मिट्टी का तेल होती है
नवविवाहिता के लिए;
मृत्यु के घर में हमेशा का अँधेरा,
इसीलिए होती है वह—
दृष्टि की हकदार!

मृत्यु होती है
निःसंदिग्ध और निःसंशय,
जीवन से जिसका

पुरातन परिचय
रोमांटिक शब्दों में—'परिणय'।

सड़ियल की मृत्यु स्वीकारणीय,
युवक की तिरस्कारणीय,
योद्धा की मृत्यु आदरणीय,
देशद्रोही की परमप्रिय,
लेकिन—
गांधी, लुमुम्बा, चे गवेरा की
अथवा मनरो, साने गुरुजी की
जब होती है मृत्यु,
पूरे जगत् में तब,
होती है उसकी छिः-थू!
यह कहना साफ झूठ है
कि होता नहीं मृत्यु का अंत;
मृत्यु की पराजय होती ही है;
बिल्कुल किनारे तक,
जब
मृत्यु के बाद भी
कोई रहता है जीवंत।

इस मृत्यु पर
एक मात्र उपाय...
मानकर विवशता
करना क्षण भर की हाय-हाय
और बची हुई जिंदगी की
मौलिक शक्ति को
पहचानना अंतर्बाह्य।

[कवठा, 12/1/1985)

हे भगवान

कल रास्ते पर प्रकट हुआ
सामान्य जनों का भगवान
उसकी भाषा, उसका रौब, उसकी हिकमत!
—अफवाहों का मानो खाता ही खुल गया।

हो गए तुरंत उसके भक्त अनंत।
हाथों में फूलमालाएँ लिये,
जरा-सी चमक डाले
बीच में नए-नए नोट
और स्वार्थ का धागा अपार!

हे भगवान,
मनाते हैं तुम्हारी मन्नत,
संकट करो दूर,
हम गरीब हैं बेचारे।
हमारी आँखों के नीरांजन में
जलते हैं निरंतर
आँसुओं के दीये अजर-अमर।

क्या पसीजेगा नहीं दिल तुम्हारा—
हमारी जीर्ण आयु की पढ़कर गाथाएँ?
कहीं ऐसा तो नहीं
कि तुम्हें भी अच्छे लगते हों

अपने अजीर्ण उत्सव बहारदार
और हमारे लिए लातों का प्रहार?

हे भगवान,
या तो तुम बन जाओ हम जैसे भिखारी,
या, या हमें ही बना दो लक्ष्मीकांत।
वर्ना सहन करो, तुम्हारा—
अमरावती नामक उध्वस्त प्रांत!!

[कवठा, 16/1/1985]

सार्थक

मुझे प्रतिक्रियाओं की परवाह नहीं
मेरा व्यवहार—
उस दृढ़ किंतु नटखट नदी-सा है,
जो पहाड़ की परवाह किए बिना,
चक्कर लगाकर उसको,
बढ़ती है आगे निरंतर।

मालूम है मुझे अपना अंत,
सागर में मेरा विसर्जन,
सार्थक जन्म-सा होगा।
आप अपनी पोथियों में
उसका वर्णन,
भले ही मौत के रूप में करें।

[जलगाँव (जामोद), 8/2/1985]

अगर ऐसा ही होता रहा

एक ही घाट पर पानी पीते हैं
बाघ और बकरी
एक ही पैंतरा लेते हैं
कुत्ता और बिल्ली
पैरों में अड़ंगा डालकर
गिरा देता है भाई को भाई
बछड़े पीते हैं दूध जरा बचाकर
घास से सटाकर मुँह
—तब
गाँव-भर में
फैलती है खबर—
छिपकली के नई पूँछ निकलने की,
और प्रतिष्ठित की अध्यक्षता में
मनाई जाती है वर्षगाँठ
नपुंसकों की संस्था की।

किसान राजा
पत्थरों के चारों ओर
लगाता है फेरे,
देवी मरीमाता के नाम पर
आदमी बलि चढ़ाते हैं बकरे।
गद्दियों पर करते हैं पेशाब

मूँछ निकले बच्चे,
कोयल को लगते हैं अच्छे
कौओं के नखरे,
—तब
व्यावसायिक सत्पुरुष
दस और दस का जोड़
सोलह बताते हैं,
और षंढों की षष्ठिपूर्ति के लिए
बुद्धिजीवी चंदा जमा करते हैं।

जीभ का इस्तेमाल होता है
पायंदाज के रूप में,
घिसते हैं घुटने
चाँदी की दहलीज पर,
अच्छे लगते हैं बदन पर
थूक के फव्वारे,
और संक्रामक होते हैं
अति प्यारे-प्यारे,
—तब
लोग
महादेव के पैर नहीं,
नंदी का पिछला खुजलाते हैं,
और नपुंसक के पोते पर
नारियल का प्रसाद चढ़ाते हैं।
लोगो,
अगर ऐसा ही होता रहा
तो
नहीं आ पाएगा
आपकी और मेरी जिंदगी में

सुख का क्षण एक भी
नहीं हो पाएगा
आपके और मेरे
दुख का अंत कभी।

[जलगाँव (जामोद), 11/2/1985]

बच्चे का खेल

प्रधानमंत्री पूछते हैं—
तुम्हें कौन-सा खेल आता है?
बच्चा उत्तर देता है—
मुझे सिर्फ दौड़ना आता है।
इस पर छपकर नहीं आई
प्रधानमंत्री की प्रतिक्रिया।
जीप में बिठाकर बच्चे को
सिर्फ एक फेरी लगाई गई
कहते हैं इतने से ही प्रतिमा उनकी
बहुत-बहुत निखर गई।

दौड़ना
बच्चे के खून में बसा है
और उस पर लादे गए भाग्य में बदा है।
बच्चे का दादा भी दौड़ता था,
पसीने से लँगोटी भीगने तक,
खरगोश के पीछे धनुष-बाण लिये,
मानकर कि यह यज्ञकर्म है,
रात के उदरभरण के लिए।
बच्चे का बाप भी
जंगल में दौड़-दौड़ दौड़ता था
पुलिस उसके पीछे लगती थी
—जमींदार के खेत से गेहूँ
काटने का आरोप था इसलिए।

बच्चे की माँ भी
हाँफते हुए दौड़ती थी,
क्योंकि लावारिश छाती पर उसकी,
गोरों से कालों तक, सबकी
निगाहें लगी हुई थीं।

अब
सिर्फ बच्चा दौड़ता है,
जिसको वह खेल कहता है।
उसकी भोली-भाली बोली से
वह एक दिन के लिए
तमाम अखबारों में
अमर हुआ है।

लेकिन, बताइए,
उसका नाम कहाँ छपा है?

अजी, नाम में क्या धरा है?
उसका न नाम है, न गाँव;
न काम है, न धाम;
उसकी जिंदगी में आराम ही आराम।
चाहे जितना दौड़ना,
थकना,
थकने पर सोना,
जगने पर फिर दौड़ना।
नागरिक के रूप में उसका इतना ही काम
कि चालीस साल बाद
जब फिर से जीप आएगी प्रधानमंत्री की
तब—
बच्चे का बच्चा बता सके
इसी खेल का नाम।

[कवठा, 27/3/1985]

मैं जीता रहूँगा

मैं दिमाग के विरुद्ध चलना नहीं चाहता,
पर मेरा हृदय मुझे देता है धोखा।
जो मैंने ही बोया था कुछ साल पहले,
अब वही उग आया है समय-कुसमय में।

मैं नहीं चाहता था शरीर का गुलाम बनना
मुझ पर संस्कार हैं मन पर विजय पाने के।
ओ मेरे संयमशील पूर्वजो, कहाँ से आए—
ये शाप—खुद का घर फूँकने के?

अरे, जीवित रहने के लिए मैं ढूँढ़ता रहा—
कुछ न कुछ कारण, कुछ न कुछ बहाना;
मगर भाग्य में आया है अब सिर्फ—
सूखी बालू में बहना, बार-बार का बहना।

ना कहते-कहते यह खून, कैसे—
भरता रहा हामी किसी भी शोख पुकार की;
यह स्खलन, ज्वलन, यह बिना छोर का मरण,
क्या यही थी आस मेरी जिद की?

मैं तो मूल में ही था बहका हुआ, पर—
आपने भी दी थी न दाद पूरे मन से!
दुख नहीं कि आप नकार रहे हैं दोष अपना,
पर सब करने-कराने पर मैं भी रहा खुद को धिक्कारता।

क्या आगे भी नहीं होगा अंत इस गड़बड़ी का?
कम से कम एकाध पड़ाव लंबी यात्रा के बीच का?
या वहाँ भी आप आ जाएँगे निकलकर झाड़ी में से
नोंचने के लिए मेरी टहनी, फूल और पत्ते?

दोष दूँ तो किसको दूँ? दोष न आपका न मेरा,
बिना बजाए नियति और ईश्वर का ढोल पोला;
आपकी कसम, आपको एक भी गाली दिये बिना;
मैं जीता ही रहूँगा खुजलाते हुए फोड़ा अपना।

[जलगाँव (जामोद), 5/4/1985]

सहभाव

घास-फूस का छप्पर उड़ जाता है
दुख नहीं होता किसी को
बह जाती हैं मिट्टी की दीवारें
किसी को दुख नहीं होता
लकड़ी की किवाड़ें जल जाती हैं
दुख नहीं होता किसी को

दुख सिर्फ मुझे होता है
क्योंकि
मेरी किवाड़ें हैं लकड़ी की
दीवारें हैं मिट्टी की
और छप्पर है घास-फूस का।

[कवठा, वाशीम, 5/1985]

जगह

यह चबूतरा तुम्हारे बाप का है
जो घंटों तक पड़े रहते हो ?
क्या तुम हनुमान हो
जो पत्थर-सा एक जगह गड़े रहते हो ?
जाओ, उस पीपल पर लटके रहो उलटे
न हो तो लोटते रहो नग्न सामने रास्ते पर
उठो, नदी किनारे से लाकर घास बेच दो
न हो तो गाते रहो भक्त तुकाराम की पंक्ति तार स्वर में

शरम नहीं आती 'आँऽऽ' कर जम्हाई देते हो ?
खर-खर आवाज कर जाँघ खुजलाते हो ?
शरम नहीं आती कोई लाज निकाले तो ?
लुतरे कुत्ते की तरह खींसे निपोरते हो ?

अबे, उठो, काम कैसे नहीं मिलता ?
ढूँढ़ो, ढूँढ़ो बार-बार, पैर टूटने दो
देखो, लकड़ी तोड़कर रामू आ रहा है
घड़ी-भर सुस्ताने के लिए, उसको जगह दो।

[कवठा, 30/6/1985]

बैल

यह बैल—
अड़ियल और साँड़
आराम से चरता है
घुसखोरी करता है
किसी के भी खेत में।
घास खाता है
और खड़ी फसल भी।
उस दिन तो मथुबाई की
गर्भवती बहू के—
पेट में ही सींग मारा उसने!
परसों उसने बबन के बच्चे को
कुचल दिया पैरों तले।
कल, स्कूल जाते शंकर का बस्ता
जबड़े में लेकर दौड़ता रहा वह।
गायों की आबरू खतरे में है।
बछड़ों की जान को,
फसल को भी खतरा है।
और...

नहीं, नहीं
इसका कोई, कुछ भी बिगाड़ नहीं सकता;
क्योंकि—
मैंने आज सुबह देखा,

जिन हाथों को डालनी चाहिए थी
नथनी बैल के नाक में,
वे ही डाल रहे थे
हरी-भरी घास के मुट्ठे
उसके सामने।

[कवठा (अकोला), 16/7/1985]

पुकार

कितना दुर्बल मैं
इस हिंसक मानवी शक्ति के सामने!

मैं नीलाम नहीं कर सकता
अपने खालिस सोने का भी,
कोयले का मोल करने वाले
इस अजीब बाजार में।

एक : कष्ट सहन करने की—
क्षमता वाला शरीर,
दो : आघात सहन करने वाला मन,
सिवा इसके मेरे पास है ही क्या?

देव आदि सब की साक्ष्य में
माता-बहनों की टाँगों को
उठाने वाले ये लोग!
आश्चर्य नहीं कि वे मुझे
बुद्धू मानते हों!

लेकिन,
मैं अपनी इकलौती आत्मा को
बनाकर साक्षी,
गाऊँगा ऊँचे स्वर में

विरोध के गीत।
मेरी पुकार से
आसमान पिघले या नहीं,
परवाह नहीं मुझे;
पर मुझे यकीन है
कि धरती की छाती जरूर फटेगी।

[रिसोड, 1985]

गीत

एक पंक्ति है मेरे मन में,
आगे की पंक्ति आपके मन में।
तात्पर्य, आप जागृत मुझ में,
और मैं छिपा हूँ आप सब में।

शब्दों का रिश्ता स्पंदनों के साथ होगा,
तो आपका खून मेरी आवाज के साथ—
उछल पड़ेगा : मुझे बस, यही चाहिए।
यही, यही और इतना ही सिर्फ।

सच बता दूँ, छाया में बैठने वाले—
मुझ जैसे आदमी को,
करनी ही नहीं चाहिए बराबरी—
घास काटने वाले आपके हाथों से,
और धूप सहने वाली आपकी पीठ से।

लेकिन, यकीन मानिए,
घास काटते समय छिलने वाली,
आपके हाथ की एक-एक रेशा
चीरती जाती है मेरे हृदय को तत्काल
और शब्दों में घुल जाते हैं—
आपकी पीठ के काले बादल।

कल अगर ऐसा वक्त आ पड़े मेरे ऊपर,
मैं खुशी के साथ खड़ा हो जाऊँगा, हँसिया लेकर,
तब आप ऐसा कीजिए—हाथ में मेरी लेखनी थामिए,
और लिख डालिए अनगढ़ गीत, मुझे जानते हुए।

[कवठा, 3/8/1985]

विकल्प

खोजबीन करने पर
शब्द के मूल में
दिखाई दी भूखे आदमी की
काली-कलूटी सूरत।
यों ही परत खोली अक्षर की
तो वहाँ मिला
एक मात्र दाना
जली हुई बाली का।
पृष्ठों की दह में झुककर
देखने पर—
जख्म खुल जाता है
भीतर ही भीतर का
और पलटने पर पंक्तियों को
दिखाई देता है काला पक्ष अपना।

यह अकारण नहीं
कि छपे हुए अक्षर
प्राय: काले ही होते हैं।

वेदना की ठनक कैसी
लयबद्ध होती है ठन्-ठन्!
आँखों से आँसू कैसे

चूते हैं टप्-टप्
—नादयुक्त!

हृदय की धड़कन चुकने पर
होती है छंदमुक्त।
शरीर से पसीना और जख्म से खून
बहता है कैसा अनिर्बंध!
इसका अर्थ यह
कि जब तक आदमी
दुखी है,
कविता का कोई विकल्प नहीं!

[कवठा, 3/8/1985]

जीना–मरना

मरने से जीना अच्छा।
जीने में आप
रख सकते हैं मरने की आकांक्षा
इच्छा भी, तिरस्कार भी
संघर्ष भी और स्वप्न भी।

जीने के लिए सपने
होते हैं आवश्यक,
सपनों का असफल होना,
होता है समृद्ध जीने के लिए
सहायक।

जीने की जिद,
अच्छे जीने की इच्छा,
मृत्यु को—
रखना चाहती है दूर–दूर।

हे मित्र
मरना जीने का अंत नहीं है;
और
जीना मरण की बाट जोहना नहीं है;
मरण जीतता नहीं कभी,
बस, इतना ही होता है कि

जीना स्वीकारता है
सिर्फ आरंभिक पराजय
वारिस को शस्त्र सौंपकर।

[कवठा, 31/10/1985]

कृपया

तुम्हें मालूम नहीं
तुम कौन हो,
क्या हो ?

तुम घोंसला हो—
दिन-भर भटके
पंछी के लिए।

तुम छाया हो—
पोतों के खातिर
दादा जी द्वारा लगाए
पेड़ों की।

तुम चद्दर हो—
जाड़े से ठिठुरने वाले
नटखट बच्चे को
रात में माँ द्वारा ओढ़ी गई।

भाषा और बोली
लहँगा और चोली के
परे की
तुम हो—
वृंदावन गार्डन की नायिका

और
मेरे बहिष्कृत स्वरों की गायिका
और तुम्हारे शिखर की नोक को
मानकर मेरी संभावना के घेरे में
मैं चढ़ता हूँ—
अपने स्खलनशील
जीवन का पहाड़।
तुम्हारे बिना
सोच भी नहीं सकता मैं
रोमांटिक कवियों की
नीली बारिश
और
यथार्थवादियों की
ऊसर जमीन को लेकर।

कृपया तुम
—नजदीक रहो
—सामने रहो
—अगल-बगल में रहो
—झुकी रहो मेरे ऊपर
आसमान के छत्र की तरह
ताकि मेरा
सीमा मर्यादारहित
अस्तित्व
एकसंध रहे।

[कवठा, 10/11/1985]

पेड़गाँव

पेड़गाँव नजदीक है
मेरे कवठा गाँव से
कोस–भर के फासले पर।

आपको ओढ़ना हो पागलपन
तो वह मौजूद है
हमारी ग्राम–पंचायत में।

ना, ना—
हम हैं गाँववाले
हमें नहीं पहुँचना
मुंबई या दिल्ली
हमारी है बात ही निराली
अपना ताला अपनी कुंजी।

हम हैं दावेदार
अपने सीमित क्षेत्र के।
यानी इस छोटे क्षेत्र के
अनभिषिक्त सम्राट ही हुए न?
प्रौढ़ शिक्षा की रात्रिशाला में
नाम दाखिल कर
उत्तीर्ण हुए हैं—
हम निरक्षर चालाक!

तो बात यह कि—
दिल्ली के पागल अलग,
हम अलग!
हम तो बस,
नजदीक के लक्ष्य तक पहुँचेंगे।

यों पेड़गाँव में
रहते हैं बड़े-बड़े लोग,
हमें क्या लेना-देना उस
मशहूर पेड़गाँव से?
जहाँ खप जाता है
अपना पागलपन,
वहीं अपना पेड़गाँव।

बड़ों का बड़ा पेड़गाँव
छोटों का छोटा पेड़गाँव।
हम छोटे, हमारा पेड़गाँव छोटा।
अपने छोटे पेड़गाँव में,
हमारा पागलपन बड़ा।

[कवठा, 21/7/1986]

● मराठी में एक मुहावरा प्रसिद्ध है—'वेड पांघरून पेडगांवला जाणे'। इसका अर्थ है—जानते हुए अनजान बनना। इस मुहावरे का स्थानवाचक 'पेडगाव' शब्द मात्र भाषा के स्तर पर विद्यमान है, जो 'पागलों के अड्डे' का प्रतीक है।

एकात्मता

जब नि:शब्द हो जाती है हवा,
पेड़ का पत्ता भी नहीं हिलता
और आसमान में बादल नहीं बदलते आकार,
पृथ्वी पर आती नहीं बच्चों के खेलने की आवाज,
वाहन भी मानो चले जाते हैं हड़ताल पर
और मानव पहली बार अपने
निहित कर्म में व्यस्त...
ऐसा क्षण एकाध ही आता है,
पर ऐसे समय
मन होता है पूरी शक्ति समेत केंद्रित
तुम्हारी और मेरी एकात्मता पर...
...बाप रे बाप!
बाहर ऐसी मरणोन्मुख शांति
और भीतर यह
जीवंत खलबली...

[अकोला, 10/3/1987]

किसान के लिए गीत

आसमानी जाएगी,
पर सुलतानी खाएगी;
तहसील से छूट जाओगे,
पर कोर्ट में अटकोगे;
जानवर छोड़ देंगे,
पर मनुष्य गिरफ्त में लेंगे;
लेखनी की नोक से तुम्हारी
बालियाँ खुटकेंगे।

मवेशियों के गले से लिपट जाओ,
खूब रोओ लिपटकर,
तुम्हारी पीठ पर चित्र
किसके-किसके जूतों के हैं
पूछ लो मवेशियों से।

रुको,
ऐ मेरे कृषिवल,
यों निराश मत होओ।
अपने ही कुएँ में
जान मत दो।
भाई मेरे,
व्यवस्था इस प्रकार की
तय हुई है ऊपर ही—

कि 'पानी-पानी' चिल्लाते तुम्हारी
आँखें पथरा जाएँगी,
इतने पर भी नहीं मरोगे—
तो धुआँधार बारिश होगी,
और बाढ़ में तुम बह जाओगे।

[कवठा, 1/9/1987]

घड़ा

अघोर सिद्धि के लिए
प्रसिद्ध पापियों की
शुरू हैं प्रार्थनाएँ।

प्रार्थनामयता के साक्षात्कार के बाद
वचन उनके विषैले धुएँ के समान
फैलते हैं चारों ओर।

आप उस धुएँ को
सुन, पढ़, देख सकते हैं
किसी प्रार्थना-स्थल के दरवाजे पर
अथवा छोटे पर्दे पर
घर ही घर में।

पीड़ितों के दुखों पर
जंग चढ़ जाए भले ही, आप—
बुरा मत मानिए;
उनके प्रेतों को—
प्रगति-पथ पर दौड़ने वाले
कालचक्र के नीचे
कुचलने दीजिए,
हिफाजत से रखिए,
दफनाइए नहीं।

किसी भी क्षण
आपके निरपराध आँगन में भी
जलस्नात हरियाली पर,
हो सकती है खून की छिटकन;
अथवा
खुद आपके ही सिर के
सैकड़ों टुकड़े—
कर सकता
एकाध अध्यादेश का घाव।
देखिए,
सुबह के सूर्य का
अभिनंदन करने के लिए
झाँक रहे हैं खिड़की से पंछी
एकाएक तेजी से आती है
कहीं से गोली
और—
लटक जाती है माँ की गोद में
पंछियों की गर्दन।
और उधर?
उधर पालतू शेर
पागल कुत्तों पर
आग बबूला हो टूट पड़ते हैं
और
सफेद भौंहों के मांत्रिक
देते रहते हैं उनको आशीष।

सब के सब भर रहे हैं
अपने-अपने ढंग से
अपना-अपना घड़ा।

[कवठा, 1/9/1987]

किनारा

जब छाती पर मित्र का पैर पड़ गया,
समझ गया कि समझदारी का अतिरेक हुआ;
जब उसी ने पूछा कि अपराध क्या हुआ,
तब संबंध का अंत ही नजर आ गया।

इधर बार-बार सिद्ध हो रहा है सबके सामने—
कि मैं मूर्ख भी, नालायक भी और हूँ निरा गधा;
चींटियाँ और चींटे जता देते हैं मुझे
कि मैं गुड़ का स्वाद भी नहीं जानता।

मैंने देखे हैं सामने नदी को देख, मुझे आगे कर
पीछे ही पीछे लौट जाने वाले महाभाग;
डूबते-डूबते, गोता खाते किनारे पर आते मैंने
सुनी है उनकी धूर्त हँसी, देखा है उनकी सफल योजना का नाच।

दुख इस बात का नहीं कि उन्होंने दिया है मुझे धोखा—
मन में ठूँसकर, इधर-उधर की अनाप-शनाप बातें;
पता नहीं, वे उस किनारे पर क्यों रुक गए।
मगर इस किनारे पर भी, कुछ नहीं, कुछ भी नहीं।

[कवठा, 1987]

क्या करे?

यह कहने वाला कोई नहीं
कि—
इस गाँव पर बादल बरसने पर
मैं बन जाऊँगा गोवर्धन पहाड़।

यह कहने वाला भी कोई नहीं
कि—
वृक्ष-लताओं पर उगने पर कटार
मेरी छाती बन जाएगी ढाल।

कैसे हैं ये सब एक जैसे!

वर्षाकाल में बिजली
और—
युद्धकाल में गनीम बनने वाले!!

फिर यह मिट्टी क्या करे?
बलात्कार में सुख मानने के लिए—
विवश बने?
पृथ्वी को क्षमा संबोधित करने वाले
प्रतिभावानों को धन्यवाद दे?
या

तुलसी में भाँग समझकर,
अपनी गोद, अपना ही बच्चा
—कहकर चुप बैठे?
आखिर क्या करे?

[कवठा, 9/6/1988]

पुरुष

इसलिए मत आओ
कि मैंने बुलाया है;
तुम अपनी भीतरी आवाज की
थाह लो।

इसलिए मत रीझो
कि मैंने वादे किये हैं;
कितनों को तोड़ा
—इसका इतिहास भी
जान लो।

इसलिए मत इतराओ
कि मैंने शहद घोल दिया है
तुम्हारे होंठों में,
दरारें भी मेरे जुठलाए होंठों की
गिन लो।

उपकार न समझो इसे
कि मैं भर-भरकर देता हूँ;
मेरी रग, तुम्हारी आँच को
एक ही माप से
तोल लो।

बाद में कहोगी
कि फलाना नहीं बताया,
ढिकाना नहीं समझाया,
—सब का सब
समझ लो;
अन्यथा
क्या कहेगा संसार, इसको
तुम खुद ही
देख लो।

मेरा क्या?
मैं ठहरा पुरुष!!

[अकोला, 1988]

वेदांत

पानी की आस धरोगे
तो रेती भी नहीं मिलेगी,
गुलाब की अपेक्षा करोगे
तो भाग जाएँगे काँटे भी दूर...

मान जाओ परंपरा का वेदांत
और बन जाओ निरीच्छ
फिर देखना कैसे आते हैं
पाँवड़ा बनकर
कँटीले रेगिस्तान सुस्मित...

कहो—
स्वागत हो!

[कवठा, 11/9/1988]

महावृक्ष

टहनी काटो, फूल तोड़ो,
फल गिराओ, पत्तों पर प्रहार करो,
पर तने पर
आघात मत करो बच्चो,
मैंने छाया, फल और
औषधि के लिए पत्ते—
देने के सिवा
कोई सात्त्विक अपराध नहीं किया है।

समा ले मेरा आकार
—ऐसा रहा नहीं
तुम्हारे आलिंगन का विस्तार!

तुम मेरी गर्दन को
क्यों ढूँढ़ रहे हो?
वहाँ तक पहुँचेंगे नहीं
तुम्हारे हाथ कभी
और
मैं जब अपने
तने पर झेलता रहूँगा प्रहार
तब तुम्हारी कलाइयाँ
टूट जाएँगी कुल्हाड़ी समेत।

बच्चो, तुम क्या पहचान लोगे मुझे?
तुम क्या करना चाहते हो मेरे लिए?

कोई कलम मेरी त्वचा पर
किसी परगाछ का?
या
मेरी जगह पर अथवा
अगल-बगल में
कंक्रीट का जंगल
आसमान चूमने वाला?
—जिसका
गर्वोन्मत्त मस्तक होगा सिर्फ,
हाथ नहीं होंगे गले लगने के लिए।
मैं तुम्हें कभी से
देखता आ रहा हूँ;
तुम इतने-से थे—
नंगे-बूचे, तब से।
जाओ बच्चो, जाओ;
आवेगी नशे में अपने
तुम समझ नहीं पाओगे
कि मैं किधर झुका हूँ।
तोड़ ही डालोगे मुझे जड़ से
तो इच्छा नहीं मेरी मन से
कि तुम्हारे ऊपर गिर जाऊँ
जमींदोज कर दूँ तुम्हें...

पर
इतना जरूर ध्यान में रखो
कि शरारती बच्चे पर
बाप ने कभी
शस्त्र धरा ही न हो
—ऐसा इस मिट्टी का इतिहास नहीं।

[अकोला, 1/6/1989]

चक्रवात

ऐसा नहीं
कि हर बात अब
आपसे पूछकर ही होगी;
बल्कि, नहीं ही होगी।

अब बच्चे लौटेंगे नहीं
गर्दन झुकाकर,
दरवाजे पर अपने—
मालिक के जूते देखकर।
घुटनों को समेटकर बाहुओं में,
आँखें धँसाकर मिट्टी में,
वे सुन नहीं लेंगे अब—
माँ-बहनों को दी गईं गालियाँ।
आप कहते रहे—
सूरज पूरब में नहीं,
पश्चिम में उगता है
बाप कहा करते—जी, हाँ।
आप कहते रहे—
भैंसा गाभन है,
बाप कहा करते—तीसरा महीना है।

पर अब बच्चों की अकल का
निकला है दिवाला।

बदन पर बची चिंदियों के
बनाकर झंडे,
अँतड़ियों के बनाकर तार,
फेफड़ों के बजाते बाजे,
बिना तुकों का गीत गाते
निकल पड़े हैं बच्चे...
पता नहीं, किधर की ओर...!

अच्छा होगा
कि आप सावधान रहें।
जरूरी नहीं कि
चक्रवात का आगमन आपसे
पूछकर ही होगा,
बल्कि नहीं ही होगा।

[कवठा, 16/6/1989]

दीये

हाँ जी,
गाँव की दीवारें अब
बाहर से फूली और
भीतर से पपड़ी वाली हुई हैं।
हनुमान जयंती की पंगत के लिए—
मन-भर अनाज देने वाले अब
सेर-भर देने के लिए भी
मुँह बनाने लगे हैं।
रास्ते दिखते हैं अब
देशी शराब से—
सूखकर काँटा बने
खप्पड़ मुँह के समान।
किसी की बेटी के
ब्याह से पहले ही
जानकर पाँव भारी हुए
बूढ़े भी हँसते हैं खिलखिलाकर।

—सब कुछ देखते-देखते,
करवट बदलते-बदलते,
एक पैर पर दूसरा रखते हुए
अथवा दोनों हाथों की मुट्ठी को
जाँघों में दबाते,
खटिया की कुरकुराहट
और बूढ़ी के घुटनों की,

उठते-बैठते होने वाली—
किटकिट को सुनते हुए
वह आखिर कितने दिनों तक
पड़ा रहेगा?

फिर वह उठता है—
जैसे किसी ने आधार दिया हो!
धीरे-धीरे, निरुद्देश्य पैर रखता हुआ
गाँव के बाहर रास्ते पर चलता है—
अलसाई शाम को
बदन में अँटाते हुए।
वह आता है गाँव की सीमा तक
और बैठा रहता है
अँधेरा गहराने तक
गाँव के निकट वाले
पुल पर।

एक युग बीत जाता है मानो
घर लौटने के लिए—
वह उठता है
तब दस मील दूर की,
शहर की लकदक सजावट
उसकी आँखों को
चौंधियाने लगती है।
उसे बार-बार लगता है—
पगों को दुविधा में डालने वाले—
दूर के वे दीये
डाइन की आँखों की तरह
मानो उसे इशारा कर रहे हैं।

[अकोला, 15/8/1989]

पागल लड़की

आधा रास्ता घेरकर
कहकहे लगा रहे हैं कॉलेज के लड़के
घर के बाहर, आँगन में
एक पागल लड़की
बीन रही है फूल।

उसकी छाती की ओर
देख रहे हैं लड़के मुड़कर
अपने-जैसा बहार जानकर
खुश हो रहे हैं फूल।

मुझे दीख रहा है खिड़की में से
उसका ढला हुआ आँचल
और फूल का दूसरा छोर
यानी उन लड़कों की नजर।

लजाती नहीं पागल लड़की
होती है ढीठ नजर उसकी
लड़के अब सहम जाते हैं
घूरकर बेखौफ देख नहीं पाते।

लड़की के लिए—
कौन निकट कौन दूर;

फूल लड़के, लड़के फूल
दामन में उसके हल्की टीस
हृदय में भी कसक का एक फूल।

[अकोला, 20/9/1989]

स्मरण-विस्मरण

स्मरण से निकलकर आ रही हैं
आवेगी लहरें
सुंदर आँखों की
ताजे-टटके रंगों की
घुँघराले बालों की...
लहरें आ रही हैं लहराती हुई
कलाई के बालों को भी
पुलकित करती हैं...
हृदय ताल धरने लगता है
तब ?
तब तो
गोचर-अगोचर सारे इंद्रिय
पागल-से विचरने करते हैं
किसी
रक्तमांस के उज्ज्वल गंध वाले
लुभावने प्रदेश में
मुझे भी भूलकर।

[कवठा, 28/5/1990]

दलाल

एक धागा है उसके पास
जिसके सूत से वह
हासिल कर लेता है स्वर्ग।
पामरों की अकरी रहती है
खाली ही खाली

दाने गाते नहीं गाने
खेत में पकते नहीं इरादे
बेटी के ब्याह के।
वह सूतवाला जरूर
पानी लेकर अँजुली में
सौगंध लेता है भगवान की
और दिखाता है समस्त ग्रामजनों को
लोलक-सा चंद्र,
टिमटिमाते तारे,
छठी के लिखे अक्षर
बुदबुदों के रूप में।
मैं स्लेट पर
'गणेश' का 'ग' लिखकर दिखाता हूँ,
हथेली पर रखता हूँ आँवला,
टूटा-फूटा ही सही,
दर्पण रखता हूँ सामने
—पर नहीं, वे समझते ही नहीं

चुल्लूभर पानी में भी उनको
दिखाई देता है स्वर्ग।
उनको सूतवाला लगता है—
बीमार के लिए जैसे सूतशेखर।
मेरी बात छोड़िए,
मैं तो पामर हूँ अजरामर।

[कवठा, 28/5/1990]

उपाय

अँधेरा फैल जाता है उस पर चुपके से आकर,
देखता है घूर-घूरकर, बँध जाती है घिग्घी,
आँखों से नहीं निकलता शब्द आँसुओं का,
यह कैसी विकल बनाती भीतर-बाहर की चुप्पी!

सभी आवेशों में आ जाता है भाटा शर्मिंदा,
स्मृतियों के दर्पण में पलकें झुकती लज्जित-सी,
संकल्प करवट बदलते हैं जानलेवा,
अनिर्णित जिंदगी लेती है हल्की-सी अँगड़ाई।

याद नहीं आता, न दिखता है, न सूझता है;
बधिर मन पर बादल घिर-घिर आता है;
बारिश की बाट जोहने वाले अति आकुल;
आँखें न जगती न सोती, अति व्याकुल।

असह्य यह भीतर ही भीतर की दम घुटी,
हतबल हैं अपने निर्बल-से दाँत और होंठ,
आस है छिद्रान्वेषी संसार से सब छिपाने की,
कोशिश सारी खाली पेट को घुटनों में समेटने की।

क्या पता कौन जाने, कहाँ है, कैसा है
इस धरती का फैसला और आसमान का न्याय?
मैं देखता हूँ छत को, बौनी दीवारों को, गीले फर्श को
यहीं पर मिलेगा शायद एकमात्र अंतिम उपाय!

[अकोला, 26/8/1990]

□□□